DROMEN
DURVEN
DOEN

Internationale collega's over Ben Tiggelaar

'Ben Tiggelaar is oprecht betrokken bij onze uitdagingen in het worden van betere leiders, in het veranderen van ons leven en in het leveren van een echte bijdrage. Bens unieke talent is zijn vermogen om gedegen wetenschappelijk onderzoek te vertalen naar inspirerende, praktische adviezen.'

Dr. Stephen R. Covey
schrijver van o.a. *De zeven eigenschappen voor succes in je leven*

'Soms ben je zelf degene die 't moeilijkst te veranderen is. Ben Tiggelaar inspireert je niet alleen maar om te dromen, durven en doen. Hij leert je ook de vaardigheden en de technieken waarmee je je goede voornemens kunt waarmaken.'

Dr. Ken Blanchard
auteur van o.a. *De One Minute Manager*

'Ben Tiggelaar is een inspirerende trainer op het gebied van menselijk gedrag en verandering. Je zult zijn boeken en ideeën extreem praktisch vinden, zeer realistisch en een plezier om te lezen.'

Dr. Marshall Goldsmith
auteur van o.a. *Tot hier en nu verder*

DROMEN DURVEN DOEN

Het managen van de lastigste persoon op aarde: jezelf

Ben Tiggelaar

Spectrum

Uitgeverij Unieboek | Het Spectrum bv, Amsterdam

Spectrum maakt deel uit van Uitgeverij Unieboek | Het Spectrum bv,
Amstelplein 32
1096 BC Amsterdam

Eerste druk 2005
Achtentwintigste druk, herziene editie 2010
Vijftigste druk, herziene editie 2015
Zestigste druk, herziene editie 2018
Vierenzestigste druk, herziene editie 2020

Omslagontwerp: Bloemendaal & Dekkers
Auteursfoto: Elisabeth Ismail
Illustraties binnenwerk: Victor Spijkers
Opmaak: Elgraphic

ISBN 978 90 00 37219 5
ISBN 978 90 491 0755 0 (e-book)
NUR 770

www.spectrumnonfictie.nl
www.tiggelaar.nl

Inhoud

Voor Ingrid, Maria, Isabelle, Emma & Bernice

Dankwoord

De afgelopen jaren heb ik ettelijke duizenden mensen mogen trainen. In soms heel grootschalige bijeenkomsten en soms in een-op-eensituaties. De feedback van deze mensen is voor mij erg waardevol geweest. Veel onderwerpen, voorbeelden en ideeen zijn verder ontwikkeld en gevormd tijdens deze sessies.

Ik bedank Ingrid, mijn vrouw, die altijd nuchter en praktisch commentaar geeft op mijn ideeën; Nanja Tiggelaar, mijn zus, die de interviews voor dit boek deed en kritisch meelas; Erna Kempen voor haar ondersteuning en feedback; en de medewerkers van Uitgeverij Unieboek | Het Spectrum die mij stimuleerden om dit boek te schrijven.

Speciale dank aan alle mensen die hun persoonlijke verhaal wilden vertellen in dit boek (uit privacyoverwegingen zijn hun namen aangepast en noem ik ze ook hier niet).

Dromen, durven, doen

Hóe dan? Dat is vaak de grote vraag…

Er zijn talloze boeken over wat je allemaal zou moeten managen of veranderen in je leven. Er zijn boekenkasten vol geschreven met adviezen over werk, relaties, geluk, eten, bewegen, leidinggeven, ondernemen, spiritualiteit en ga zo maar door.

Maar hóe het precies werkt, hóe je werkelijk kunt zorgen dat je deze goedbedoelde adviezen ook in de praktijk brengt, hóe je meer grip krijgt op je eigen gedrag… dat blijft vaak onduidelijk.

Uiteindelijk draaien verandering en groei om menselijk gedrag. Dat is vrijwel altijd de zwakke schakel tussen plannen en resultaten. En dat is vrijwel altijd waar de vraag 'Hoe dan?' om draait. Daarover gaat dit boek: *Dromen, durven, doen*.

Wat dit boek je zal opleveren

Dit boek bevat geen zware kost en ook geen zweverige praatjes. Ik presenteer een realistische aanpak die werkt.

Hou daarbij in gedachten dat werken aan je eigen gedrag een leerproces is. Het lijkt een beetje op knutselen. Je probeert iets, dat werkt een beetje. Je probeert iets anders, dat werkt beter. Enzovoort. Door echter te werken met praktische inzichten uit gedragsonderzoek heb je wel meteen een voorsprong.

De hoofdstukken 1 tot en met 3 gaan vooral over hoe je gedrag werkt. Hierdoor zal je meer inzicht krijgen in jezelf.

De hoofdstukken 4 tot en met 10 gaan over technieken waarmee je je eigen gedrag beter kunt managen.

Tussendoor vind je negen interviews met mensen die iets belangrijks hebben aangepakt in hun leven. Echte, eerlijke verhalen van gewone mensen die buitengewone dingen hebben meegemaakt of gedaan.

Tijdens het lezen kun je opdrachten maken die in het werkboek achter in dit boek staan. De opdrachten staan aangegeven met het volgende icoontje:

Daarnaast vind je in dit boek een test.

Het werkboek en de test zijn een extra duwtje in de rug bij de stap van dromen naar durven en doen.

Een nieuwe editie

Naar aanleiding van *Dromen, durven, doen* ontving ik in de afgelopen vijftien jaar talloze brieven en e-mails.

Managers schrijven dat ze de aanpak inzetten voor veranderingen in hun bedrijf. Ondernemers mailen dat ze het boek hebben gebruikt bij het starten van hun eigen zaak.

Diëtisten raden elkaar de methodiek aan om mensen te helpen met afvallen. Studenten gebruiken het boek om de eindstreep van hun opleiding te halen.

Een centrum voor verslavingszorg gebruikt het om zijn cliënten weer op de been te helpen. Ouders gebruiken het bij de opvoeding van hun kinderen.

Kortom, je kunt de inzichten rond gedrag en verandering uit dit boek op heel veel verschillende terreinen inzetten.

Voor deze nieuwe editie heb ik het boek grondig doorgenomen en waar nodig herzien, zodat het wat betreft de voorbeelden en de inzichten rond gedrag helemaal up-to-date is.

Ik hoop dat het je als lezer zal inspireren tot nieuwe, nuttige, mooie stappen waar je jezelf en de mensen om je heen mee zult verbazen. Veel succes!

Ben Tiggelaar, Soest 2020

1

De lastigste persoon op aarde: jezelf

- **Helpen plannen en voornemens eigenlijk wel?**
- **Waarom je vaak iets anders doet dan je wilt (en andersom)**
- **Twee soorten gedrag die elkaar tegenwerken**

Een paar jaar geleden was ik flink te zwaar. Zoiets gaat sluipend. Een aantal jaren achter elkaar had ik, onderweg voor mijn werk, bijna dagelijks bij de betere wegrestaurants gegeten. Een snack bij Shell. Een tussendoortje bij Texaco. Een ijsje bij Esso. Al met al een knap ongezond eetpatroon.

Natuurlijk merkte ik wel dat ik groeide, maar door zorgvuldig de weegschaal te vermijden kon ik volhouden dat het nog best meeviel. Totdat mijn vrouw op een slechte dag een elektronische weegschaal kocht en mij uitdaagde om er eens op te gaan staan. Ik bleek ruim 110 kilo te wegen. Zo'n 25 kilo meer dan gezond voor mij is. En zo'n 15 kilo meer dan ik dácht te wegen.

> **Door zorgvuldig de weegschaal te vermijden kon ik volhouden dat het best meeviel**

Dit soort momenten helpt om veranderingen in gang te zetten. Je kunt jezelf lange tijd voorhouden dat je éigenlijk te veel eet en te weinig beweegt. Je kunt lange tijd dromen van een strak en gezond lijf. Maar er moet iets gebeuren wat de zaak in beweging brengt. Iets wat je motiveert om werkelijk wat te gaan *doen*!

Vreemd. Veel dingen die we in ons dagelijks leven telkens opnieuw doen, wíllen we eigenlijk niet. En veel dingen die we eigenlijk willen, dóen we niet. We bewegen minder dan we zouden willen; we eten ongezonder dan zou moeten; we investeren minder tijd in onze dierbaren dan goed zou zijn, en ga zo maar door.

'Wat ik doe, doorzie ik niet, want ik doe niet wat ik wil, ik doe juist wat ik haat.' Het lijkt de klacht van een gemiddelde eenentwintigste-eeuwer, maar het citaat komt uit de Bijbel en is bijna tweeduizend jaar oud. Er is niets nieuws onder de zon.

Goede voornemens alléén werken niet

Het managen van jezelf is moeilijk. De meeste mensen die ik tegenkom barsten van de goede voornemens. Ikzelf ook. Een heel kleine greep uit de dingen die ik de afgelopen jaren in workshops heb gehoord:

- Ik wil graag een stap hogerop komen in mijn werk.
- Ik wil vaker nee zeggen tegen dingen die ik eigenlijk niet wil.
- Ik wil gezonder eten en meer bewegen.
- Ik wil mijn relatie een positieve impuls geven.
- Ik wil meer zelfvertrouwen krijgen.
- Ik moet beter leren luisteren naar anderen.

- Ik wil maatschappelijk écht iets bijdragen.
- Ik wil al jarenlang een eigen bedrijf beginnen.
- Ik wil graag meer rust ervaren.
- Ik wil weer gaan studeren, mezelf ontwikkelen.
- Ik wil gewoon wat positiever in het leven staan.
- Ik moet stoppen met het voortdurend corrigeren van anderen.

De Amerikaanse onderzoeker John Norcross verdiept zich al jaren in goede voornemens. Hij stelde vast – wat je al vermoedde – dat het in de meeste gevallen niet lukt om die voornemens ook écht vol te houden.

Van de mensen die bijvoorbeeld aan het begin van het nieuwe jaar een start maken met een verandering in hun leven, blijkt na een halfjaar iets meer dan de helft te zijn teruggevallen in oude gewoontes. En na twee jaar blijkt nog slechts één op de vijf mensen het vol te houden.

Het slechte nieuws is dus dat goede voornemens alléén niet helpen. Blijkbaar is er meer nodig dan de hardop uitgesproken intentie om iets te veranderen in je leven.

Het goede nieuws is dat een concreet voornemen niet helemaal waardeloos is. Norcross onderzocht ook wat het effect was als mensen alleen een wens hadden om te veranderen en dus géén concreet voornemen. Het bleek dat van die mensen hooguit 4% een halfjaar later een verandering in zijn leven had gerealiseerd. Meer dan tien keer minder dan de mensen die wél een concreet voornemen hadden. Tien keer!

Gedrag is de zwakke schakel

Het onderzoek naar nieuwjaarsvoornemens sluit aan bij iets wat psychologen al lang weten. Als een wens tot verandering niet heel nauwkeurig wordt vertaald naar het gedrag dat ervoor nodig is, helpt het allemaal niet veel.

Niet de eenmalige beslissing om iets te veranderen zorgt voor resultaten, maar de acties die erop volgen. Wie iets wil veranderen, zal zijn doelen moeten vertalen naar dagelijks gedrag. Open deur? Misschien. Probleem is dat slechts weinig veranderaars deze logische stap zetten.

Volgens het onderzoeksinstituut Centers for Disease Control and Prevention in de Verenigde Staten is de meeste gezondheidswinst – en de grootste kostenbesparing in de gezondheidszorg – te boeken door gedragsverandering. Dat wisten we natuurlijk eigenlijk allang: niet roken, gezond eten en drinken, meer bewegen.

De vooraanstaande geluksonderzoeker Sonja Lyubomirsky stelt dat – naast genen en omstandigheden – onze gedragskeuzes voor een belangrijk deel ons dagelijks welbevinden bepalen. Zo helpt het om regelmatig te sporten, om dagelijks op een rijtje te zetten waar we dankbaar voor zijn en worden we ook gelukkiger als we geregeld iemand anders helpen.

En over kleine en grote veranderingen in de werkomgeving zegt managementgoeroe John Kotter dat menselijk gedrag altijd 'de kern van de zaak' is.

Niet je capaciteiten, niet je doelen, niet je plannen, maar je dagelijkse acties bepalen of een verandering slaagt.

Veel mensen koesteren de stille wens om óóit... assertiever te worden; de prins of prinses op het witte paard te ontmoeten; meer tijd te besteden aan hun gezin; een eigen bedrijf te starten, enzovoort.

De waarheid is dat de meeste mensen blijven dromen totdat het te laat is

Het klinkt hard, maar de waarheid is dat de meesten van deze mensen blijven dromen totdat het te laat is.

Gedrag is de zwakke schakel tussen plannen en resultaten. We zullen heel concreet moeten bepalen wat we vandaag moeten dóen om ook werkelijk, op termijn, de resultaten te behalen die we de moeite waard vinden.

Iedereen weet dat een ketting zo sterk is als z'n zwakste schakel. En bij veranderingen in ons leven is gedrag die zwakke schakel. Wie iets wil veranderen in zijn leven en het niet alleen bij stille wensen wil houden, moet zich daarom concentreren op z'n gedrag.

Wat is gedrag dan wel? Gedrag is – eenvoudig gezegd – alles wat we doen. Alle handelingen die we verrichten uit onszelf of in reactie op onze omgeving. In dit boek richt ik me vooral op concreet, waarneembaar gedrag. Het gaat erom wat je uiteindelijk doet.

Twee soorten gedrag

Psychologen en andere gedragswetenschappers onderscheiden zich graag van elkaar. Over gedrag bestaan dan ook de meest uiteenlopende inzichten en meningen. Maar over één ding zijn vrijwel alle psychologen het eens: er bestaan minimaal twee verschillende soorten gedrag.

Jij en ik en alle andere mensen op deze aarde doen sommige dingen *bewust en gepland*. En we doen andere dingen *onbewust en automatisch*.

We overleggen in sommige gevallen heel duidelijk met onszelf of met anderen over de toekomst en vormen een concreet voornemen in ons hoofd dat we vervolgens uitvoeren. We handelen op wilskracht, bewust en gepland.

Dit doen we vooral bij gedrag dat slechts één of enkele keren per jaar voorkomt of nog minder vaak. Denk aan het plannen van een vakantie of aan het kiezen van degene met wie je gaat trouwen.

Bij veel gedrag wordt het werk in ons hoofd echter niet bewust uitgevoerd, maar worden gedragingen die effectief waren in het verleden zonder verder nadenken herhaald. We handelen uit gewoonte, onbewust en automatisch.

We merken bijvoorbeeld niets van veel handelingen die we verrichten in het verkeer. Helemaal vanzelf houden we een bepaalde afstand aan tot de auto die voor ons rijdt. Intussen kijken we naar de wegwijzers en voeren we een gesprek. We rijden – bijna letterlijk – op de automatische piloot.

Deze onbewuste processen horen vooral bij gedrag dat we wekelijks, dagelijks of vaker vertonen. Het zijn deze automatische gedragingen – gewoontes – die ons in de weg zitten als we iets willen veranderen.

De verdeling van ons gedrag in deze twee soorten – bewust gepland en onbewust automatisch gedrag – wordt door psychologen de 'dual system'-benadering genoemd. De tekening geeft het mooi weer. Het bewuste gedrag is het gedeelte dat boven water uitsteekt. Het is wat je 'ziet' in je hoofd. Het onbewuste gedrag is het gedeelte onder water. Je wéét dat het er is, bijvoorbeeld als je erover leest in een boek, maar je 'ziet' het niet in je hoofd.

We hebben twee soorten gedrag: bewust gepland gedrag (5%) en onbewust automatisch gedrag (95%).

Bewust, gepland gedrag (5%)

Laten we maar boven water beginnen. Een deel van ons gedrag is het gevolg van de plannen die we maken. Dit gedrag, dat we van tevoren met onszelf bespreken in ons hoofd, noemen we bewust gepland gedrag. We handelen op wilskracht.

We weten van tevoren wat we willen en vervolgens doen we het ook. Althans, dat is de bedoeling. Maar we hebben al gezien dat het vaak niet lukt om onze intenties ook écht uit te voeren.

Een van de meest gerenommeerde onderzoekers op het gebied van gepland gedrag is Icek Ajzen. Volgens hem spelen drie factoren een hoofdrol bij het vormen van bewuste intenties.

1. *We schatten het nut in van ons voorgenomen gedrag.* We verzamelen gedurende ons leven allerlei overtuigingen over het nut van bepaalde gedragingen. We hebben een mening over de vraag of hardlopen helpt als je wilt afvallen; of een romantisch weekend weg helpt om je relatie te verbeteren; of het bezoeken van de dokter nuttig is als je griep hebt, enzovoort.

Let op: het gaat er niet om of het gedrag ook werkelijk nuttig is, maar slechts om wat wij daarover dénken.

2. *We overdenken wat andere mensen die belangrijk voor ons zijn, zullen vinden van ons voorgenomen gedrag.* We hebben allerlei gedachten over de mening van anderen: 'Dat vindt mijn partner vast geen slim idee.' 'Dat zullen mijn collega's vast op prijs stellen.' 'Mijn vriendinnen zullen me vast uitlachen als ik ze dit vertel.' Let op: het gaat er niet om wat andere mensen werke-

lijk vinden, maar om wat wij dénken dat ze vinden.

> **Volgens psychologen is slechts een klein deel van ons gedrag bewust gekozen**

3. *Ten slotte vragen we ons af of we in staat zullen zijn om ons voorgenomen gedrag ook écht uit te voeren.* Hierbij gaat het om allerlei overtuigingen over onszelf: 'Ik ben nu eenmaal geen volhouder met sporten.' 'Ik ben gelukkig redelijk goed in het schrijven van sollicitatiebrieven.' 'Ik kan eigenlijk niet zo goed nee zeggen.'

Let op: het gaat er opnieuw niet om of we werkelijk ergens goed of slecht in zijn. Het gaat om wat wij daarover denken.

Bewust, gepland gedrag is het gedrag waarbij we van tevoren in ons hoofd overwegen wat we gaan doen. We bedenken vooraf wat er gaat gebeuren. En dit doen we vooral bij gedrag dat we niet vaak vertonen: één of enkele keren per jaar.

Volgens de meeste psychologen is slechts een klein deel van ons gedrag werkelijk bewust gekozen. Een veel gehanteerde vuistregel zegt dat het om niet meer dan 5% gaat. Maar dit zijn wel vijf belangrijke procenten. Grote levenskeuzes, keuzes voor de lange termijn, worden doorgaans bewust gemaakt.

Onbewust, automatisch gedrag (95%)

Onbewust, automatisch gedrag is het soort gedrag waar we ons vaak – ook bij onszelf – over verbazen. Het zijn die dingen die we doen, waar we vaak geen heldere herinnering aan hebben. Het is gedrag dat we op de automatische piloot vertonen. We handelen uit gewoonte.

Ik noemde net al het voorbeeld van autorijden. Vaak rijden we hele stukken zonder dat we achteraf precies weten waar we geweest zijn. Soms hebben we zelfs het gevoel dat we 'wakker worden' achter het stuur. Als we opeens een opvallend punt passeren of wanneer de verkeerssituatie opeens alle aandacht vraagt.

Volautomatisch hebben we tot dat moment onze auto binnen de witte strepen gehouden en op veilige afstand van onze medeweggebruikers. Volautomatisch hebben we gereageerd op allerlei signalen uit onze directe omgeving. Feitelijk besturen we op zulke momenten niet zélf de auto, maar dat doen deze prikkels uit de directe omgeving, via ons onbewuste gedrag.

Onbewust automatisch gedrag bepaalt een groot deel van de resultaten die we boeken in ons leven. Wat je dagelijks eet en drinkt heeft een grote impact op je gezondheid. Hoe je dagelijks omgaat met je partner bepaalt de kwaliteit van je relatie. En wat je dagelijks doet op je werk bepaalt in hoge mate hoe je carrière zich ontwikkelt.

Deze dagelijkse gewoontes bepalen ook hoe andere mensen ons zien. Als andere mensen ons karakter of onze persoonlijkheid moeten beschrijven, dan noemen ze doorgaans díe gedragingen die we dagelijks automatisch vertonen. Ze noemen je bijvoorbeeld assertief wanneer je geregeld je mening uit. Je wordt ondernemend genoemd wanneer je vaak nieuwe dingen probeert. En je wordt als geduldig en begripvol gezien als je in de regel eerst luistert voordat je iets zegt.

Dit onbewuste automatische gedrag bepaalt een groot deel van de kwaliteit van ons leven. De ruwe schatting is dat ruim 95% van ons gedrag onbewust en automatisch tot stand komt. Omdat het om onbewust gedrag gaat, is dit ook het gedrag waar we doorgaans het minst van weten. Daarom is het volgende hoofdstuk hier helemaal aan gewijd.

Wat dit betekent...

Ons bewuste geplande gedrag draait om dingen die we niet vaak doen en op het bereiken van resultaten in de toekomst. We willen ons beter voelen in ons lijf en we nemen ons daarom luid en duidelijk voor om gezonder te gaan eten en meer te gaan bewegen. Dat soort dingen.

Ons onbewuste automatische gedrag wordt gestuurd door allerlei prikkels die in het hier en nu spelen. We hebben een automatische afkeer van gedrag dat meteen vervelend voelt en een automatische voorkeur voor gedrag dat meteen tot een goed gevoel leidt.

Je kunt je voorstellen dat deze twee soorten gedrag elkaar nogal eens in de weg zitten. Gezonder eten is een goed plan voor de lange termijn, maar op de korte termijn voelt het niet altijd plezierig.

Meer bewegen helpt echt als je het een aantal maanden volhoudt, maar de eerste paar keer dat we ons in een joggingpak hijsen en door het bos gaan rennen, voelt het vreselijk.

De strijd tussen bewust, gepland gedrag en onbewust, automatisch gedrag verklaart ook waarom er op heidagen, uitjes en vakanties zoveel leuks bedacht wordt en eenmaal weer thuis of op kantoor zo weinig plannen echt worden uitgevoerd. Willen is nog

Iets afbreken is makkelijk. Je één keer goed misdragen en je bent er al

lang geen kunnen. We overschatten de kracht van onze keuzes en onderschatten de macht van de gewoonte.

Het vervelende is bovendien dat gedragsveranderingen bijna altijd pas op termijn iets opleveren. Het kost soms maandenlange herhaling van dagelijkse handelingen voordat je resultaat ziet. Dit geldt vooral op de belangrijkste terreinen van ons leven: relatie, persoonlijke ontwikkeling, gezondheid, carrière.

Iets afbreken kost meestal niet zoveel moeite. Een vriendschap verpesten, een examen verknoeien, je collega's tegen je in het harnas jagen. Feitelijk is dat een fluitje van een cent. Je één keer goed misdragen en je bent er al. Maar positieve resultaten bereiken op die gebieden in je leven die ertoe doen, dat vergt bijna altijd een langetermijninvestering.

Als je iets wilt veranderen in je leven, zul je daarom niet alleen je bewuste geplande gedrag moeten managen – opmerkelijk genoeg het onderwerp waarop de meeste 'veranderboeken' zich richten – maar vooral ook je onbewuste automatische gedrag!

- Intenties alleen zijn niet voldoende om veranderingen te realiseren. Slechts één op de vijf mensen houdt een goed voornemen langer dan twee jaar vol.
- Gedrag is de zwakke schakel tussen plannen en resultaten. Veranderingen lopen meestal vast doordat het niet lukt ons gedrag blijvend aan te passen.
- 5% van ons gedrag komt bewust en gepland tot stand. 95% is echter onbewust en automatisch. Juist dit gewoontegedrag maakt veranderen zo moeilijk.

'Blijkbaar had ik een crisis nodig om te kunnen veranderen'

Saskia (34): fulltime werkende moeder van een drieling van 9 en een dochter van 4. Haar man werkt parttime. De afgelopen negen jaar zijn ze met z'n allen eigenlijk alleen maar aan het rennen geweest. Altijd moest alles snel. Tot Saskia zich realiseerde dat ze alleen nog maar moe was en niets meer leuk vond. De kinderen niet meer, haar man niet meer, haar werk niet meer. En ook zichzelf niet meer. Bij het adviesbureau waar ze werkte had ze, naast haar eigen werkzaamheden als hoofd P&O, ook nog taken van de directeur overgenomen.
Alles bij elkaar was het veel te veel. 'Ik zat er écht doorheen, maar het heeft lang geduurd voor ik dit zag.' Signalen van de kinderen gaven uiteindelijk de doorslag. 'Als je kind op school zegt dat je niet kan komen helpen omdat "mama altijd werkt", realiseer je je ineens heel duidelijk hoe zij je ziet.'

Het realiseren van veranderingen is begonnen door de dingen hardop uit te spreken. Eerst tegen mensen met wie ze geen emotionele binding had; tijdens een seminar en bij een coach die ze al had. En daarna tegen haar man. Door hem is het balletje echt gaan rollen.
Saskia zelf stond al bijna klaar om huis en gezin achter te laten, maar haar man weigerde op te geven en wees haar op haar eigen rol in het geheel. Dat betekende dat ze er dus ook zélf iets aan kon veranderen.
'Hij zei dat hij me bij alles zou steunen, maar dat het bij mij moest beginnen. Blijkbaar had ik een crisis nodig om te kunnen veranderen.'

In diezelfde periode bleek dat een van hun dochters ADHD had, waardoor ze gedwongen werden om meer structuur aan te brengen. In een gezin waar iedereen aan het rennen is, is zo'n kind volkomen de weg kwijt. Daarom hangen er nu op de koelkast altijd weekkalenders. Eén met de activiteiten

'Ik zet door omdat ik zie wat ik ervoor terugkrijg'

van de kinderen en één met die van Saskia en haar man.

Saskia merkt dat dit zorgt voor overzicht. Ze zijn dit gaan doen voor hun dochter, maar uiteindelijk brengt het iedereen rust. 'Bij mij was er eerst best weerzin om alles vast te leggen, maar toen ik zag dat het werkte was ik snel om.'

En ook hebben ze andere rustpunten aangebracht. Zo gaan op zondagavond de kinderen vroeg naar bed. Saskia en haar man koken en eten dan samen.

De zondag overdag is voor het gezin. Dus niet meer naar familie of iets anders, maar dingen doen met z'n zessen. Dat voelt heel goed en brengt veel rust. Sowieso hebben ze meer tijd gemaakt om samen dingen te doen en verplichtingen zijn zoveel mogelijk geschrapt.

De reacties hierop van anderen waren niet altijd positief, maar door zelf eerlijk en consequent te zijn over wat je wel en niet wilt, kun je veel oplossen.

Op het werk heeft Saskia aangegeven weer alleen haar eigen werk te willen doen en ook dit is gerealiseerd.

'Ik moet mezelf best dwingen om door te zetten. Ik begin vaak enthousiast en dan verwatert het weer. Het kost tijd en energie voor je de vruchten van je veranderingen plukt. Maar doordat ik afspraken met m'n omgeving heb gemaakt houd ik het vol. Mijn man is heel consequent. En ook de kinderen weten al niet beter meer. Zij wennen eigenlijk nog sneller dan ik aan de gemaakte afspraken en de nieuwe situatie.

Het is dus een duidelijke wisselwerking tussen mij, de kinderen en mijn man, en het is een voortdurend proces. Ik zet nu vooral door omdat ik zie wat ik ervoor terugkrijg. Ik ben nu een veel gelukkiger mens.'

> Veranderen begint bij jezelf. Je bent verantwoordelijk voor je eigen gedrag en dus ook voor het veranderen hiervan.
> Vaak is er een pijnlijke confrontatie met de werkelijkheid nodig om écht serieus te gaan nadenken over veranderingen.
> Vraag hulp. Je hebt mensen nodig met wie je afspraken maakt en die je hieraan houden. Ook als het moeilijk is.

2

Wat je niet weet, maar tóch doet

- **Waar komen gewoontes eigenlijk vandaan?**
- **Hoe pijn en plezier ons gedrag vormen**
- **Waarom we minder rationeel zijn dan we dachten**

Een tijdje geleden sprak ik de bedrijfspsycholoog van een openbaarvervoersbedrijf in een grote stad. 'Weet je,' zei hij, 'het gebeurt regelmatig dat buschauffeurs gekke dingen doen als ze in het weekend met hun eigen auto de stad in gaan.'

'Gekke dingen?' vroeg ik. 'Zoals over de busbaan rijden?'

'Dat komt voor, maar het kan gekker. Buschauffeurs hebben in het weekend regelmatig de neiging om met hun eigen auto te stoppen bij bushaltes. Sommigen stoppen ook echt en – nog gekker – hebben vaak pas door wat ze doen als ze eenmaal stilstaan.'

De meeste chauffeurs schrikken wanneer hun dit overkomt. Sommigen melden zich de maandag erop bij de bedrijfspsycholoog en zijn bang dat het werk hen langzaam tot waanzin drijft. Hij kan ze echter geruststellen. Wat hun overkomt, is eigenlijk heel gewoon.

'Het is conditionering,' aldus de psycholoog. 'Een prikkel of *conditie* in de directe omgeving leidt op een gegeven moment vanzelf tot bepaald gedrag. Door de week, tijdens het werk, is dat heel handig. Maar in het weekend zorgt dit soms voor rare situaties.'

Het witlof-effect

Een andere vorm van volautomatisch gedrag. Veel mensen – doe maar eens een rondvraag in je omgeving – hebben een probleem met een bepaald gerecht. Wanneer ze ooit iets gegeten hebben onder slechte omstandigheden (bijvoorbeeld op een schommelende veerboot, of tijdens een ziekte), waardoor het meteen weer naar buiten kwam, is de kans groot dat ze dit gerecht daarna jarenlang niet meer aanraken.

In de psychologie wordt dit smaakaversie genoemd. Tijdens een seminar ontmoette ik een man die waarschijnlijk de Nederlandse recordhouder is op dit gebied. Hij had op z'n 4e in het ziekenhuis witlof te eten gekregen. De broeder die hem verzorgde had zijn neus dichtgeknepen en het er letterlijk bij hem ingepropt. Daarna was de witlof meteen weer naar buiten gekomen.

De man zei: 'Ik ben nu 75, maar als mensen naast mij in een restaurant witlof bestellen, vraag ik nog altijd aan de ober of ik aan een tafeltje verderop mag gaan zitten. Ik walg er al meer dan zeventig jaar van.'

Ook dit is een vorm van conditionering. We eten iets en meteen daarop volgt een stevige pijnprikkel. In onze hersenen wordt op dat moment een link aangemaakt die we vaak ons hele leven niet meer kwijtraken.

Hoe komen gewoontes tot stand?

Een druk op de knop en het gedrag volgt vanzelf

De manier waarop automatisch gedrag werkt, lijkt op de werking van een ouderwetse jukebox, of – iets moderner – de werking van een muziekapp op je computer of telefoon. Je drukt op een knop en volautomatisch wordt een bepaald nummer afgespeeld.

Er is een prikkel van buiten die ervoor zorgt dat ons gedrag in gang wordt gezet. De buschauffeur ziet – zonder dat hij er verder aandacht aan besteedt – een geel bord in zijn rechterooghoek en volautomatisch, onbewust draait hij het programma af waarmee hij zijn voertuig stilzet. Een druk op de knop en het gedrag volgt vanzelf.

Het lijkt op de werking van een muziekapp. Je drukt op een knop en volautomatisch wordt het gedrag afgespeeld.

Maar, zo vraag je je misschien af, hoe komt dat 'nummer', die gedraging in je hoofd? Dat gaat toch niet vanzelf?

Dat kan op verschillende manieren.

- De belangrijkste manier waarop wij nieuw gedrag leren is door *directe ervaring*. We proberen allerlei dingen uit; sommige werken en andere niet. Deze ervaringen slaan we op in ons hoofd en als we in vergelijkbare situaties komen, wordt het nummer dat erbij hoort opnieuw afgespeeld.
- Maar we kunnen ook leren door ons in ons hoofd bepaalde *ervaringen voor te stellen*. We fantaseren over hoe we een probleem op ons werk gaan oplossen, over hoe we dat gesprek gaan voeren met onze partner, enzovoort. Dit is weliswaar wat minder krachtig dan échte, directe ervaringen, maar ook dit leidt tot nieuwe nummers in de speler.
- Ten slotte kunnen we ook leren van de *ervaringen van anderen*. Door toe te kijken als anderen iets voordoen of doordat ze ons erover vertellen. We leren van anderen op school, op ons werk, in ons gezin, op tv, via boeken, de krant, de radio, het internet, in films. Ook deze vorm van leren is minder krachtig dan het leren door directe, eigen ervaring, maar er worden wel weer nieuwe nummers toegevoegd in onze muziekapp.

Pijn en plezier

Wat zorgt er nou voor dat een bepaald nummer een hit wordt of misschien juist nooit meer wordt afgespeeld? Hoe wordt bepaald gedrag een gewoonte, een automatisme?

Eigenlijk gaat dat heel eenvoudig. Het gedrag dat meteen leidt tot een goed gevoel voor onszelf – plezier – wordt een hit.

En het gedrag dat meteen leidt tot een vervelend gevoel voor onszelf – pijn – niet.

Pijn en plezier, straf en beloning, slecht gevoel en goed gevoel. Comfort en discomfort noemen psychologen dat.

De neiging tot bepaald gedrag neemt toe als we met dat gedrag pijn vermijden en/of plezier verkrijgen. Dit heet 'bekrachtiging' of 'versterking' van gedrag.

Gedrag komt steeds minder voor als het helemaal niets oplevert of juist voor pijn zorgt. Bewust nadenken is bij deze leerprocessen niet nodig, dit doen onze hersenen 'vanzelf'.

Nu zijn pijn en plezier grote woorden. In de praktijk kan het om heel kleine signalen gaan. Iemand kijkt ons vriendelijk aan als we een winkel binnen lopen. Dat ervaren we als een beloning. Of iemand kijkt ons vreemd aan als we een vraag stellen. En dat ervaren we als een straf.

Je drukt een toets in van je computer en de goede letter verschijnt op het scherm: beloning. Verkeerde letter op het scherm: straf (zo leer je typen).

Dit leerproces werkt alleen als een straf of een beloning direct volgt op het vertoonde gedrag. Anders vindt ons brein het moeilijk om de link te leggen. Beloningen die pas na enkele uren volgen op bepaald gedrag worden door ons brein daar niet mee in verband gebracht.

Een simpel voorbeeld: als je wekenlang met veel moeite sport om één kilo af te vallen, registreren je hersenen heel krachtig de link tussen het sporten en de pijn die het je kost. De link tussen het sporten en het afvallen wordt maar heel zwak vastgelegd. Daarom kun je lange tijd – zelfs al heb je écht resultaten geboekt –

intuïtief een hekel houden aan gedrag dat eigenlijk heel goed voor je is.

Ook 'intelligent' gedrag is geconditioneerd

Als prikkels uit de directe omgeving ons gedrag sturen, dan noemen we dat conditionering. Letterlijk betekent dit dat condities in de buitenwereld bepalen wat we doen.

Je kunt een onderscheid maken tussen twee soorten condities of prikkels.

- Prikkels voorafgaand aan gedrag: een signaal voor onze hersenen om een bepaald gedrag te starten. Denk aan het gele bord bij de bushalte. Psychologen noemen dit antecedenten.
- Prikkels volgend op gedrag: pijn of plezier direct na het gedrag vormt het signaal voor onze hersenen om een bepaald gedrag minder vaak of juist vaker 'af te spelen'. Denk aan de vieze of lekkere smaak van iets wat je eet. Psychologen noemen dit consequenten.

De meeste mensen denken dat conditionering alleen te maken heeft met simpel gedrag. Maar dat is zeker niet het geval. Lees de tekst in de illustratie op de volgende pagina maar eens.

Dit is de jukebox of de muziekapp in vol bedrijf. Een paar drukken op de knoppen en hup, daar is het nummer. Enkele prikkels van buiten en je hersenen roepen: 'onderzoekers' en 'hersenen' en 'grappig'.

Als je zou willen, kun je het uitspreken van het woord nog wel tegenhouden. Maar je kunt niet tegenhouden dat je hersenen het nummer in je hoofd afspelen.

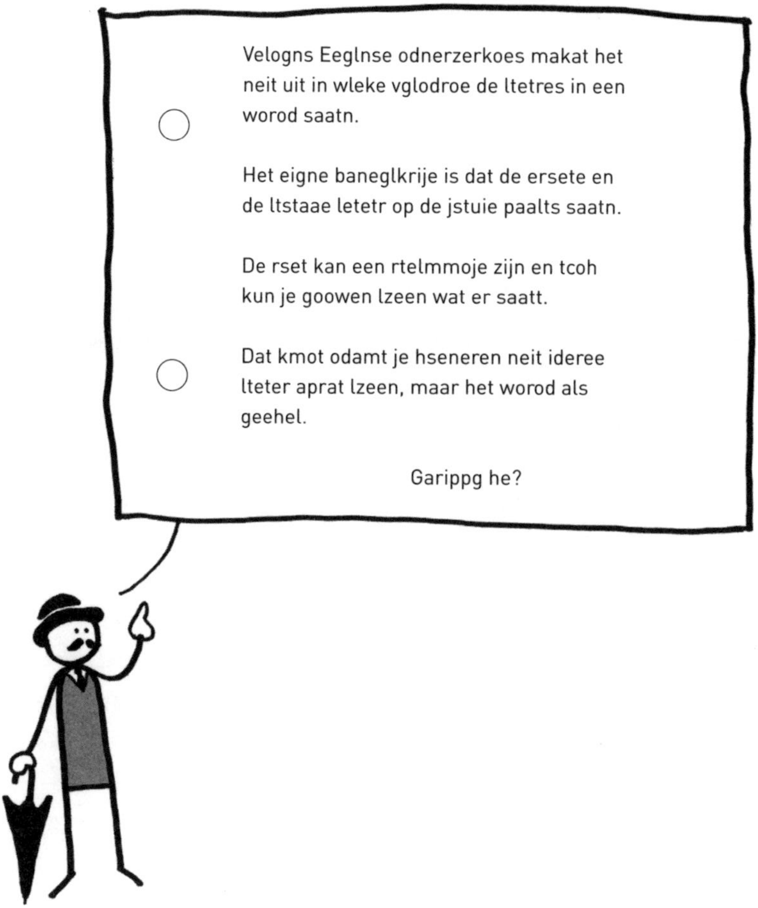

Dat is een merkwaardige kant van conditionering: je kunt het niet tegenhouden!

Op z'n minst ervaar je de neiging om een bepaald gedrag te vertonen. En als je het niet bewust tegenhoudt, dan zul je die handeling ook gewoon uitvoeren.

De overtuigingen ontstaan vooral door de directe ervaringen

Bovendien: de nummers blijven doorgaans vele jaren in de muziekapp zitten. En als we ze af en toe blijven afspelen of als de nummers tot heel sterke pijn- of plezierprikkels leiden (denk aan het witlof-effect), verdwijnen ze nooit meer.

Automatische overtuigingen

Ook de verwachtingen die wij hebben, de vooroordelen, de automatische voorgevoelens, de gevoelens van sympathie bij de een en de gevoelens van antipathie bij de ander... kortom: de overtuigingen die ons denken in hoge mate sturen, ontstaan vooral door de directe ervaringen die we tijdens ons leven opdoen. Het zijn 'gewoontes in ons hoofd'.

Een voorbeeld: je solliciteert bij een bedrijf en je lijkt in je uiterlijk of in je houding een beetje op de vroegere wiskundeleraar van de personeelschef. Toevallig de leraar door wie hij tijdens zijn middelbareschooltijd geestelijk het meest mishandeld is. De kans dat je de baan zult krijgen is dan bij voorbaat al nul.

Ook al heb je op alle vragen een goed antwoord en scoor je de beste cijfers op alle tests, toch zal deze personeelschef nooit het gevoel hebben dat het 'klikt' met jou.

Soms is conditionering reuze handig. Doordeweeks stoppen buschauffeurs automatisch bij de haltes en kunnen ze hun aandacht besteden aan belangrijker zaken.

En soms is conditionering reuze onhandig. Bijvoorbeeld als het weekend is en je stopt met je eigen auto bij een halte, terwijl je kinderen op de achterbank helemaal dubbel liggen van het lachen.

Wat komt eerst: intentie of gedrag?

Veel mensen denken dat we doorgaans eerst iets willen en daarna pas iets doen. En uiteindelijk zullen we dan, zo denken ze, na een aantal herhalingen van dat geplande, bewust gekozen gedrag, een gewoonte ontwikkelen.

Maar psychologisch onderzoek laat zien dat het ook andersom kan gaan. Als we nieuw gedrag uitproberen en dat nieuwe gedrag leidt tot plezierige, directe resultaten, dan kan zich daarna de bewuste intentie vormen om dat gedrag te herhalen. In dat geval volgt de mening het gedrag. Psychologen gaan ervan uit dat onze intenties juist sterker ons gedrag volgen dan andersom.

Stel: je bent op vakantie in het buitenland. In het restaurant raadt de ober het verrassingsmenu aan. Een van de gerechten is iets wat je nooit eerder hebt gegeten, maar het smaakt heerlijk. De volgende keer in een ander restaurant heb je een goed gevoel bij dat gerecht als je ogen over de menukaart dwalen en misschien kom je wel tot de conclusie dat je hetzelfde gerecht nog eens neemt. Of je besluit – ook een mogelijkheid – om je nog eens te laten verrassen, omdat de vorige verrassing zo leuk uitpakte.

Eigenlijk weten we dit ook wel. De ervaringen die je hebt opgedaan en de situatie waarin je verkeert hebben een grote invloed op je – automatische – mening over tal van zaken. Ik vind het bijvoorbeeld erg belangrijk dat vrouwen evenveel kansen krijgen als mannen. Ik heb namelijk vier dochters vol levenslust en ambities.

Maar het gaat nog veel verder. Als ik op de fiets zit, vind ik meestal dat automobilisten te weinig rekening houden met fietsers. En als ik achter het stuur van mijn auto zit, vind ik dat de meeste fietsers wel overdreven veel ruimte claimen in het verkeer. Herkenbaar?

Hoe rationeel zijn wij eigenlijk?

Misschien denk je na dit verhaal: het lijkt wel alsof veel 'rationeel' denken van ons niet meer is dan een automatische vertaling in woorden van ons onderbuikgevoel. Is al ons geredeneer en gediscussieer niet slechts 'gebabbel' dat automatisch voortkomt uit onze eerste, onbewuste reacties?

Veel psychologen geloven inderdaad dat veel discussies – met onszelf en met anderen – zo gevoerd worden. We discussiëren op gevoel, zonder ons af te vragen waar dat gevoel vandaan komt. Soms is dat gevoel een heel goede raadgever en soms een heel slechte.

Als we hebben besloten om iets te veranderen in ons leven en er is een verandering van gewoontes nodig – en geloof me, in de meeste gevallen ontkom je hier niet aan – dan zullen we de eerste tijd tégen ons oude gevoel moeten ingaan. Dan zullen we de eerste weken – en soms maanden – dingen moeten doen die tot nu toe niet goed voelden, die zelfs pijn doen.

We discussiëren op gevoel, zonder ons af te vragen waar dat gevoel vandaan komt

Dat is precies wat veranderen vaak zo moeilijk maakt. Dat is precies waardoor veel mensen blijven hangen in oude, ineffectieve gewoontes in plaats van een begin te maken met een nieuwe, goede levensstijl die op termijn tot betere resultaten leidt.

Gelukkig zijn er slimme technieken waarmee we ons brein eigenlijk een beetje voor de gek houden. We kunnen ervoor zorgen dat nummers in de muziekapp die goed voor ons zijn, maar tot nu toe vooral pijn opleveren, tóch worden gelinkt aan plezier. We kunnen onszelf dus conditioneren in de juiste richting. Later meer daarover.

- Automatisch gedrag werkt net als een jukebox of muziekapp. Na een of enkele prikkels van buiten – een druk op de knop – volgt het gedrag automatisch.
- Gedrag dat meteen tot plezierige consequenties leidt, neemt automatisch toe. Gedrag dat meteen tot negatieve consequenties leidt, neemt automatisch af.
- Ook 'intelligent' gedrag is in veel gevallen geconditioneerd. Veel van onze verwachtingen en vooroordelen ontstaan op basis van een of enkele ervaringen.

'Elke avond kijken we hoeveel punten er zijn behaald'

Peter (40), getrouwd met Carla, is vader van drie kinderen van 12, 10 en 5. Hij probeerde al lange tijd zijn kinderen te 'managen', gewoon zoals de meeste mensen dat doen. Enerzijds door complimenten te geven en te belonen. Anderzijds door het maken van corrigerende opmerkingen.
Erg veel succes had dat niet. Meestal was er wel aandacht voor de dingen die niet goed gingen of niet gedaan werden, maar was er weinig aandacht voor de vele dingen die wel goed gingen. Gevolg: terugkerende discussies.

Tijdens een vakantie las Peter het boek *DOEN!* en de gedachte ontstond om de slag te maken naar de eigen gezinssituatie. Om daar te proberen een gedragsverandering te realiseren. 'Ik had vrij snel op mijn netvlies hoe het moest en na de vakantie heb ik het met mijn vrouw besproken.
De volgende dag hebben we de kinderen het idee uitgelegd. Ze kregen niet de zakgeldverhoging waar ze om gevraagd hadden, maar konden met een puntensysteem *veel meer* gaan verdienen. De kinderen mochten aangeven wat ze graag zouden willen als ze het voor het zeggen hadden: speelgoed, bioscoop, McDonald's, enzovoort. Ze hebben echt van alles opgeschreven en wij hebben dat in een goede verhouding gezet.
Zo ontstond een lijstje met hun wensen en daarachter de hoeveelheid punten die ze daarvoor moesten halen. Dat hebben we weer besproken met de kinderen.'

'Hun eerste vraag was natuurlijk hoe ze dan aan punten moesten komen. Wij zeiden: "Dat is eigenlijk heel simpel. Je hoeft alleen maar je tanden te poetsen voor een punt. En ook als je je bed opmaakt, krijg je een punt." Toen kwamen ze ook zelf met allerlei ideeën. Douchen, dieren eten geven, autogordel omdoen.

'Ik ben me bewuster geworden van mijn eigen gedrag'

En er is een *high score* voor dingen als grasmaaien en boodschappen doen. Dat wordt hoog gewaardeerd en daar kun je dus meer mee verdienen, maar het is niet verplicht. Elke avond na het eten kijken we hoeveel punten er zijn behaald.'

Het puntensysteem werkt. Tot op de dag van vandaag. 'Na twee weken zakte het wel een beetje in. En op de momenten dat ze prijs hebben en ze vervolgens dus opnieuw moeten beginnen, is het ook weer even lastig. We hebben daarom afgesproken dat ze minimaal vijfhonderd punten in de plus moeten blijven staan. Zo komen ze niet op nul te staan.'
Peter had niet gedacht dat het zo goed zou werken. Hij was verbaasd over het effect van positieve bekrachtiging: het versterken van gedrag door het meteen te belonen.
Peter: 'Benoemen wat goed gaat en dus niet zeggen waar het fout gaat. De sfeer in huis is nu beter omdat we minder discussie over dit soort onderwerpen hebben.'

Natuurlijk zijn er ook dagen dat het minder gaat. 'In het begin hadden wij de neiging om daarop te reageren. Zelfbeheersing is dan belangrijk. Je geeft je kinderen de mogelijkheid om keuzes te maken en dan moet je ze die keuze ook echt laten maken. Nu geven we juist bepaalde stimulansen als iets dreigt in te zakken. Als iemand bijvoorbeeld z'n bed niet opmaakt, dan zetten we een dubbele bonus op de bedden. Dat werkt.
We zijn ook één keer een maand gestopt en toen bleek dat een aantal dingen erin bleef zitten, zoals tanden poetsen. Maar andere dingen verslapten. Zoals tafeldekken. Dat was nog geen gewoonte geworden. Maar misschien leer je sommige dingen wel nooit. Ik ben ook geen ster in tafeldekken.'

Peter merkte dat hij ook zijn eigen gedrag moest aanpassen. 'Dat was misschien wel het moeilijkste deel. We hadden onszelf in eerste instantie een beetje buiten de verandering gesteld. En dan merk je dat je kinderen ook iets van jou verwachten. Ik kan het mezelf bijvoorbeeld niet meer veroorloven om mijn gordel niet om te doen. Ik ben me bewuster geworden van mijn eigen gedrag en de voorbeeldfunctie daarin.'

> We hebben de neiging om vooral te reageren op dingen die niet goed gaan. Dit leidt geregeld tot discussie en conflict.

> Als je samen met je gezinsleden of anderen iets wilt veranderen, betrek ze dan actief in het ontwikkelen van de aanpak.

> Meten en belonen hebben meteen invloed. Met name bij gedrag dat niet vanzelf leuk is, is dit een waardevolle aanpak.

3

Verrassing: verliezen telt dubbel

- **De merkwaardige onbalans tussen pijn en plezier**
- **Wat zijn de bijwerkingen van straffen als 'managementmethode'?**
- **Waarom belonen uiteindelijk beter werkt**

Gedurende de opvoeding van je kinderen leer je heel wat over menselijk gedrag. Een opvallend fenomeen waar ik aan moest denken bij het schrijven van dit hoofdstuk, is het volgende. Wanneer je kleine kinderen iets geeft om mee te spelen, dan kun je aan hun lichaamshouding en gezichtsuitdrukking zien dat je ze blij maakt. Maar wanneer je datzelfde speelgoed weer afpakt, bijvoorbeeld omdat ze er iets gevaarlijks mee doen, komt er een boze of verdrietige reactie waar veel jonge ouders van schrikken. De negatieve reactie van het kind bij het afpakken is veel heftiger dan de positieve reactie bij het ontvangen van het speelgoed.

Een hekel aan verliezen

Er wordt vaak beweerd dat mensen van nature een hekel hebben aan veranderen. Dat is niet waar. Mensen hebben geen hekel aan veranderen, maar een hekel aan verliezen.

Als een verandering meteen tot een vooruitgang leidt in onze situatie, zonder dat het ons moeite, pijn of verdriet kost, dan hoor je nooit iemand klagen. Als een verandering pas op termijn tot een betere situatie leidt, maar eerst een persoonlijke investering vergt – tijd, geld, energie, aandacht of het opgeven van bepaalde zekerheden en verworvenheden – dan wordt het een moeilijker verhaal.

De beroemde psychologen Daniel Kahneman en Amos Tversky – en veel van hun collega's – hebben dit fenomeen uitgebreid beschreven. Het heet verlies-aversie. Verlies-aversie is iets wat bij alle mensen is aangeboren. Of je nu Chinees bent of Australiër, Nederlander of Spanjaard, een verlies komt minstens twee keer zo hard aan als een – rationeel vergelijkbare – beloning.

Als we honderd euro kunnen verdienen, dan zijn we bereid om daar bijvoorbeeld een kilometer voor te lopen. Maar als we diezelfde honderd euro later weer dreigen te verliezen, dan willen we wel twee kilometer lopen om ons geld te behouden.

Mensen hebben geen hekel aan veranderen, maar een hekel aan verliezen

Volgens veel onderzoekers houdt dit direct verband met onze drang tot overleven. Gevaar en dreiging vormen een veel sterkere prikkel om in actie te komen voor levende wezens zoals jij en ik, om zo onze kans op overleven groter te maken. Eigenlijk wel logisch.

Snappen

Toen ik kennismaakte met de onderzoeken van Kahneman en Tversky, viel er voor mij een hoop op z'n plaats.

- Ik snapte waarom mensen opeens gemotiveerd kunnen raken voor een verandering als ze geconfronteerd worden met een dreiging. Een man die ik eens ontmoette was van de ene op de andere dag gestopt met roken, zonder énige moeite, omdat de dokter hem had verteld dat z'n onderbenen geamputeerd zouden moeten worden als hij nú niet zou stoppen.
- Ik snapte ook waarom veel mensen juist gemotiveerd raken om zich te verzetten tegen veranderingen. Bijvoorbeeld veranderingen in het bedrijf waar ze werken of die vanuit de politiek worden opgedragen. Vaak valt er bij dat soort veranderingen op de langere termijn wat te winnen voor velen, maar moeten op de korte termijn bepaalde mensen wat inleveren: zekerheden, verworven rechten, tijd, geld, arbeidsplaatsen, status...

Laten we eerlijk zijn: dit is ook de manier waarop het werkt met individuele veranderingen. Op termijn zie je er – misschien – beter uit als je gezonder gaat eten en meer gaat bewegen, maar hier en nu verlies je – met zekerheid – een aantal dingen die je plezierig vindt.

Op termijn leiden studeren en solliciteren – misschien – tot een leuke nieuwe baan. Maar nu verlies je – zeker – een hoop vrije tijd en krijg je bij je sollicitaties – bijna zeker – te maken met persoonlijke afwijzingen.

Rationeel, bewust gepland, is het verstandig om de investering te plegen. Gevoelsmatig, onbewust automatisch, voelt het verkeerd om alle leuke dingen hiervoor op te geven.

De kracht van problemen

Misschien dat je ooit tijdens een cursus of uit een boek over 'positief denken' hebt geleerd dat je niet in termen van *problemen* moet denken, maar alles meteen moet vertalen naar *uitdagingen* of *kansen*. Dat is dus niet waar!

De motiverende kracht van een écht probleem is veel groter dan de motiverende kracht van een kans. Het is juist effectiever om je bij elke kans die je ziet, af te vragen welk probleem je daarmee oplost. Scheelt meteen minstens een factor twee in je motivatie.

Ik zeg dit een beetje voor de grap, maar eigenlijk ook wel serieus. Het feit dat straffen en dreigementen zwaarder wegen dan beloningen en kansen, leidt namelijk tot allerlei gekke effecten.

Zo is het erg moeilijk om gemotiveerd te worden en te blijven als er geen sprake is van échte problemen. In het begin van dit boek vertelde ik dat ik een paar jaar geleden ruim 25 kilo te zwaar was. Daarna ben ik, met behulp van technieken die ik in hoofdstuk 4 tot en met 10 beschrijf, ruim 22 kilo afgevallen.

Door mijn eetgedrag in een aantal opzichten blijvend te veranderen was het ook niet zo moeilijk om op mijn nieuwe gewicht te blijven. Maar om die laatste paar kilo's er ook nog af te krijgen, viel niet mee. Logisch, want laten we eerlijk zijn: 3 kilo te zwaar is een heel ander verhaal dan 25 kilo te zwaar.

'Goed is de vijand van geweldig,' schreef de Amerikaanse managementauteur Jim Collins. En zo is het maar net.

Dit verklaart waarom zoveel mensen na een tijdelijke inspanning, waarbij ze hun doelen hebben bereikt, tóch weer terugvallen in oud gedrag.

Of het nu gaat om afvallen, het werken aan je carrière, investeren in je relatie of schaven aan jezelf... Zodra de acute, ernstige, échte problemen achter de horizon verdwenen zijn, verdampt de motivatie en hebben we de neiging om op onze lauweren te gaan rusten.

Goed om te weten: anderen vertellen dat ze een probleem hebben, dat werkt meestal niet zo goed. Mensen moeten er zelf van overtuigd raken dat ze een probleem hebben én geloven dat ze er iets aan kunnen doen. Anders komen ze niet in actie.

Nog een merkwaardig effect

Een ander merkwaardig effect: omdat pijn en verlies zo hard aankomen, heeft ook het bestraffen of bedreigen van anderen veel impact. Daarom hebben we de neiging om in de opvoeding van kinderen – en soms ook in de omgang met andere volwassenen – hier overdreven veel gebruik van te maken.

En wanneer maken we vooral gebruik van dreigementen en straffen? Juist. Als wij zelf iets dreigen te verliezen.

Ik bestraf de kinderen en vertel welke verschrikkelijke dingen er gebeuren

Een mooi voorbeeld vormen mijn pogingen om aan huis te werken, terwijl ik voor mijn dochters zorg. Hoe werkt dat? Ik zit aan de keukentafel met mijn laptop voor me. Ik probeer wat te bellen, te schrijven en te e-mailen. Intussen zijn mijn kinderen aan het spelen. Zolang dit goed gaat, besteed ik geen aandacht aan ze en probeer ik zoveel mogelijk van mijn klusjes af te krijgen. Maar zodra ik word gehinderd in mijn werk, omdat er bijvoorbeeld een kleine ruzie ontstaat, grijp ik in. Ik bestraf de kinderen en vertel welke verschrikkelijke dingen er gebeuren als ze zo doorgaan. Meestal werkt dat meteen en kan ik – een tijdje – verder werken.

Ik zou het viertal ook kunnen belonen op de momenten dat ze lief en rustig aan het spelen zijn. Dat zou de kans op ietsje langer rustig doorwerken vergroten. Maar dat doe ik niet. Want om dat te doen, moet ik mijn eigen werk onderbreken en dat voelt als verlies.

Als ik uiteindelijk door hun toedoen toch word onderbroken, grijp ik wél in. Want ik wil verder met het klusje waarmee ik net zo lekker bezig was.

Bovendien: mijn dreigement of bestraffing heeft meteen een veel krachtiger (factor twee) effect op hun gedrag. Ik kan dus meteen weer verder.

Intussen hebben mijn hersenen de link gelegd: kinderen bestraffen leidt per direct tot positieve consequenties voor mij. Kinderen belonen, kost me daarentegen meteen iets.

Gevolg: intuïtief, volautomatisch ontwikkel ik een voorkeur voor bestraffen als opvoedmethode!

Waarom straffen op termijn niet werkt

Je zou denken: als pijn zoveel effect heeft, waarom maken we er dan meer gebruik van? Straffen en bedreigen 'werken' inderdaad prima bij het managen van jezelf en van anderen. Maar alleen op de korte termijn. Bovendien kleven er nog enkele bewaren aan.

Allereerst hebben mensen de neiging om onder bedreiging precies datgene te doen wat er van hen gevraagd wordt, maar ook geen streep meer.

Wanneer ik mijn kinderen onder krachtige dreigementen zo ver krijg dat ze hun kamers opruimen, ziet het er op het oog meestal wel netjes uit. Maar trek ik een willekeurige kast open, dan rolt de troep je tegemoet. Logisch. Hun enige doel was het vermijden van straf, niet het winnen van een prijs voor de netste kamer.

Daarnaast hebben we de neiging om ons gedrag alleen aan te passen als de dreiging in de buurt is. Ik noem dat het flitspaal-effect. Let maar eens op hoe dat gaat op die plekken waar een vaste fotocamera langs de weg staat. Automobilisten komen aanrijden met honderd kilometer per uur, rijden keurig even tachtig waar dat moet en geven vervolgens weer gas.

Sommige mensen spreken af om zich wekelijks te wegen in het bijzijn van anderen. Ze hopen dat dit hen zal motiveren om af te vallen. Het gevolg is doorgaans dat ze alleen in de paar dagen vóór het wegen op hun gedrag letten en in de paar dagen erna veel minder.

Straffen en bedreigen 'werken' prima bij het managen van jezelf en van anderen. Maar alleen op de korte termijn.

En mensen die hun collega's 'motiveren' door met allerlei enge dingen te dreigen, zijn hun gezag kwijt zodra ze de deur achter zich dichttrekken.

Ten slotte leidt het veel gebruiken van straffen en dreigementen tot verstoorde relaties. Mensen associëren een straf of een bedreiging in de regel niet met hun eigen gedrag, maar met de persoon die de straffen uitdeelt of de bedreigingen uit.

Op het moment dat het er werkelijk op aankomt, kan blijken dat je op deze manier al je krediet verspeeld hebt. Dat zelfs mensen die jou dierbaar zijn, een 'witlof-gevoel' krijgen als je de kamer binnenkomt.

Voor de duidelijkheid: met dreigen en straffen bedoel ik niet alleen grote gebaren en krachtige bewoordingen. Een afkeurende blik, een diepe zucht en de ogen naar het plafond draaien, zeggen voor de goede verstaander ook genoeg en kunnen even hard aankomen.

Belonen is beter

Als we voor ons gedrag worden beloond, creëren onze hersenen een link tussen het gedrag en de beloning. Dat zorgt voor een automatische neiging om het gedrag vaker te vertonen. Let op: het gaat dus *niet* om een bewuste keuze voor een beloning, een overweging in de trant van: 'Hmm, ik krijg voor dit gedrag een beloning. Weet je wat, laat ik er maar voor kiezen om dit gedrag vaker te vertonen.' Zo werkt het dus niet.

Een eenvoudige illustratie hiervan is de manier waarop je jonge kinderen kunt helpen van het bedplassen af te komen. Vrij algemeen wordt tegenwoordig een methode toegepast waarbij kinderen worden beloond voor hun droge nachten. De een werkt met stickers, de ander met kleine cadeautjes, een derde met leuke activiteiten. Het verrassende is dat in de meeste gevallen de kinderen binnen enkele dagen van het bedplassen af zijn. De link tussen de beloning en het gewenste gedrag werkt dus zélfs in de slaap van een kind.

Gedragsonderzoekers weten al tientallen jaren dat het belonen van gewenst gedrag uiteindelijk leidt tot veel betere effecten dan het bestraffen van ongewenst gedrag. Positieve bekrachtiging, zoals het belonen van gewenst gedrag ook wel wordt genoemd, heeft een aantal mooie eigenschappen.

Anders dan bij dreiging en straf, waarbij we stoppen met het gewenste gedrag zodra de straf vermeden is, gaan we bij positieve bekrachtiging dus dóór met het gewenste gedrag. In theorie – en soms ook in de praktijk – totdat we ons maximale potentieel gebruiken.

Voor het belonen gelden wel een paar spelregels.

- Belonen moet tijdens of meteen na het gewenste gedrag gebeuren. Als je te lang wacht met belonen, wordt de beloning door ons brein niet meer aan het juiste gedrag gekoppeld.
- Belonen is maatwerk. Een compliment of een materiële beloning (een cadeau of geld) is pas een échte beloning als het door de ontvanger ook zo wordt ervaren.
- Als iemand zelfstandig heeft gekozen voor een bepaalde actie, omdat hij of zij er gewoon plezier in heeft, dan kun-

Wie drie keer heeft beloond en één keer straft, zit weer op nul

nen te grote materiële beloningen deze vrije keuze ondermijnen. De kans bestaat dat de persoon hierna alleen nog maar in actie komt voor de materiële beloning.

- Sociale beloningen – een compliment bijvoorbeeld – kennen dit risico niet, zijn gratis en zijn bovendien goed voor de onderlinge verstandhouding tussen mensen.

Positieve bekrachtiging heeft ook als voordeel dat het goed is voor de relatie. Hoewel we de neiging hebben om beloningen voor gedrag vooral te linken aan wat we zelf hebben gedaan, zal die werkwijze onze houding tegenover degene die ons beloont ook geen kwaad doen.

Wanneer we onszelf of anderen belonen voor gewenst gedrag, dan leidt dit automatisch tot een plezierigere verhouding. Volgens diverse gedragsonderzoekers werken we pas echt aan een relatie met vrienden, collega's en anderen als we de verhouding tussen beloningen en straffen minimaal op vier-staat-tot-één weten te houden. Oftewel: wie drie keer heeft beloond en één keer straft, zit weer op nul. Wie vier keer heeft beloond en één keer straft, heeft een lichte vooruitgang in de relatie geboekt.

Goed om te weten: voor een huwelijk wordt zelfs vijf-staat-tot-één als ondergrens genoemd.

Ik vertelde net al over mijn thuiswerkperikelen. Toen ik voor het eerst van deze vier-op-één-regel hoorde, heb ik eens een middag bijgehouden hoe bij mij en mijn kinderen de verhouding lag. Die lag helaas eerder op vier straffen tegenover één beloning dan an-

dersom. Ik moest concluderen dat het tegelijkertijd combineren van werk en zorg de verhouding met mijn kinderen geen goed deed.

Een tijdje geleden was er een ambtenaar die had bedacht dat het beter zou zijn om automobilisten te belonen voor goed gedrag, dan ze te straffen voor hun overtredingen. Bonuspunten als je niet harder dan vijftig kilometer per uur rijdt in de bebouwde kom, in plaats van geflitst worden bij zestig kilometer per uur. Hij wilde daarvoor – als proef – een kastje in de auto van een aantal mensen laten monteren dat het rijgedrag bijhield.

Het idee kreeg weinig bijval. 'Zijn ze nou helemaal van de ratten besnuffeld,' zei een lid van de Tweede Kamer. 'Je gaat een dief toch ook niet belonen als hij een dag niet inbreekt?'

'Je rijgedrag aanpassen voor een cadeautje? Ik vraag me af of mensen dat doen. We moeten juist de pakkans van de overtreders verhogen.'

Nu gaat het hier om een extreem en onuitvoerbaar voorstel. Maar in de regel kunnen we maar moeilijk geloven dat belonen uiteindelijk effectiever is. Logisch, want uit onze eigen waarneming zal altijd blijken – als we er verder niet over nadenken – dat straffen veel sneller tot resultaat leidt.

- Mensen hebben geen hekel aan veranderen, maar wél aan verliezen. Een dreigend verlies komt vaak twee tot tweeënhalf keer zo hard aan als een kans.
- Toch is dreigen of straffen niet effectief als je gedrag wilt veranderen. Dit leidt niet tot optimale prestaties, werkt alleen onder toezicht en is ondermijnend voor relaties.
- Belonen heeft geen negatieve neveneffecten. Vier keer vaker belonen dan straffen of dreigen is een veilige norm voor het managen van jezelf en anderen.

'Ik wist dat ik met dit gewicht niet oud zou worden'

Isa (28) besloot rigoureus van levensstijl te veranderen en viel vervolgens in een jaar 74 kilo af. Ze ging van 150 naar 76 kilo. Van jongs af aan was ze al gezet en eigenlijk was ze altijd wel bezig met afvallen. Alleen deed ze dat met name voor anderen en niet omdat ze het écht wilde. De juiste motivatie ontbrak. Tot de knop omging, zoals ze het zelf zegt.

'Op een gegeven moment is er gewoon iets geknapt. Ik wist dat ik oud wilde worden, maar dat het met dit gewicht niet zou lukken. Ik moest veel beter voor mezelf gaan zorgen.'
Isa besloot in eerste instantie dat ze vooral gezonder wilde leven. Ze had niet meteen een duidelijk doel hoeveel ze hierbij wilde afvallen. Alles wat eraf ging was meegenomen.

De eerste stap was lid worden van een sportschool waar ze zich op haar gemak zou voelen. 'Ik ben lid geworden van een heel klein sportschooltje met allerlei soorten mensen door elkaar. Dik, dun, lang en klein. Hier voelde ik me goed.
Direct de eerste keer werd al duidelijk wat ik mezelf had aangedaan. Op de loopband kon ik het nog geen vijf minuten volhouden. De volgende dag ging ik weer en de dag erna weer. Inmiddels sport ik al anderhalf jaar iedere dag.'

Verder is Isa anders en veel gezonder gaan eten. 'Ik ben echt op m'n eten gaan letten en ging alle calorieën bijhouden. In het begin had ik nog best zin in allerlei dingen, maar door goede gezonde alternatieven te zoeken was ik dat na twee maanden kwijt. Doordat ik al zo vaak met afvallen bezig was geweest, wist ik precies wat en hoe ik moest eten. Tot nu toe had ik het alleen nog niet echt toegepast. Het afvallen ging snel en ik moest elke week

'Juist omdat dit zo snel resultaat opleverde was dit goed vol te houden'

wel andere kleren kopen. Nu moet ik soms nog steeds aan mezelf wennen. Dan kijk ik ergens in de spiegel en dan ben ik gewoon verrast.'

Het gezonder gaan eten en het sporten hebben op zich de minste moeite gekost. Juist omdat dit zo snel resultaat opleverde was dit goed vol te houden. Lastiger waren de reacties van andere mensen. 'Mensen vroegen of ik ziek was, of ik nu alwéér ging sporten en of ik niet een keer zou moeten stoppen met diëten. En ik hoorde voor het eerst hoe mensen altijd over me gedacht hadden toen ik nog zo zwaar was.
Ook waren er mensen die nu ineens vroegen of ik een keer met ze uit wilde of een kopje koffie wilde gaan drinken. Heel raar.'

'Nu ben ik nog wel bezig met het vinden van de balans. Wat kan ik wel en wat kan ik niet eten. Ik sta ook iedere ochtend nog op de weegschaal. Zo zie ik dat ik niet groei en dat het goed gaat. Het zien van het gewicht en het tellen van calorieën blijven mijn houvast. Daarbij is het belangrijk om gezond te blijven eten en te blijven bewegen. Dit heeft er uiteindelijk voor gezorgd dat ik nu zoveel energie heb, en dat gevoel wil ik nooit meer kwijt.
Ik ben dan ook niet bang dat het weer fout zal gaan. Ik ben sterker en gelukkiger, voel me een heel ander mens. Ik geniet veel meer van alles wat ik doe.'

> We weten vaak wel wat goed voor ons is, maar we doen het niet. Echte veranderingen draaien om gedrag en kosten aandacht, tijd en energie.
> Ga op zoek naar een nieuwe levensstijl die bij jou past. Zoek goede alternatieven voor oude, ineffectieve gewoontes. Belangrijke veranderingen zijn namelijk niet voor even, maar voor altijd.
> Volhouden is de kunst. Realiseer je dat je soms lange tijd je gedrag en de resultaten moet blijven meten om je winst te behouden.

4

Veranderen in fasen: dromen, durven, doen

- **Hoe succesvolle veranderaars het aanpakken**
- **De drie fasen waar iedereen doorheen gaat**
- **Van snelle kicks naar langetermijnsuccessen**

Wie 's nachts de tv aanzet, treedt een wondere wereld binnen van producten die in normale winkels niet te verkrijgen zijn. In de periodes na de geboortes van onze kinderen keken mijn vrouw en ik rond de nachtvoedingen regelmatig vol verbazing én plezier naar de dingen die via *Tell Sell* en andere tv-winkels werden aangeboden.

Bijna altijd gaat het om producten die zogenaamd je leven veranderen zonder dat het je enige moeite kost. Er wordt voortdurend ingespeeld op de hoop dat je rijk kunt worden zonder te werken, kennis kunt vergaren zonder te studeren en fit kunt worden zonder te sporten.

Natuurlijk willen we dit graag geloven. Ik heb ook wel eens midden in de nacht met de telefoon in mijn hand gezeten. 'Ben, je gaat niet bellen,' zei mijn vrouw dan. 'Maar stél nou dat het werkt?' zei ik vervolgens half slapend terug.

Van nature hebben we de neiging om te kiezen voor onmiddellijke behoeftebevrediging. En bedrijven als *Tell Sell* – en niet alleen zij – spelen daarop in. Omdat het scoort. Aan dit soort nachtelijke reclamemarathons wordt goed verdiend.

Maar als ik eerlijk ben, dan weet ik dat het met werkelijk waardevolle zaken in het leven niet zo werkt. Alle dingen in mijn leven die mij blij en dankbaar maken, zijn die dingen die óf bloed, zweet en tranen hebben gekost óf die mij zomaar in de schoot zijn geworpen zonder dat ik een 0800-nummer hoefde te bellen.

Veranderen gaat in fasen

Bijna alle mensen die succesvol een verandering hebben gerealiseerd in hun leven, zeggen na afloop: 'Wat jammer dat ik dit niet eerder heb gedaan!' Dat klinkt je waarschijnlijk bekend in de oren.

Aan de andere kant: bijna iedereen die aan een belangrijke verandering begint, heeft van tevoren heel wat denk- en piekertijd nodig. Als je écht iets belangrijks in je leven verandert, ben je daar vooraf vaak al meerdere jaren mee bezig.

Stap voor stap nader je zo het moment waarop je de knoop doorhakt.

Soms doe je dat volledig zelfstandig. Maar heel vaak ook word je geconfronteerd met een of meer harde feiten die bevestigen waar je al bang voor was, op het gebied van bijvoorbeeld je gezondheid, je relatie, je geluk, je gewicht of je loopbaan. Ook in de interviews in dit boek zul je zien dat zo'n aanleiding van buitenaf vaak een belangrijke rol speelt.

De psycholoog James Prochaska stelt dat mensen door een aantal fasen gaan rond een verandering.

1. De fase vóór het overwegen van de verandering
2. Het overwegen van de verandering
3. De voorbereiding van de verandering
4. De actie
5. Het onderhoud

Je hoort mensen wel eens zeggen dat je pas kunt veranderen als je er 'klaar' voor bent. En dat klopt wel een beetje. Veel veranderprogramma's die bijvoorbeeld worden aangeboden om mensen te helpen met afvallen, blijken niet te werken, zo ontdekte Prochaska. Omdat ze niet aansluiten bij de fase waar mensen in zitten.

Als je nog bezig bent met het overwegen van een verandering in je leven, heeft het geen zin om een coach in de hand te nemen die alleen op actie gericht is.

En als je juist in actie wilt komen, dan is het ronduit frustrerend wanneer het boek dat je hebt gekocht weer helemaal vooraan begint.

Dromen, durven, doen

Dit boek richt zich vooral op de tweede tot en met de vijfde fase uit het rijtje van Prochaska. Ook wel logisch, want als je nog niet bezig was om een verandering in je leven te overwegen, dan was je dit boek waarschijnlijk niet aan het lezen.

- *Dromen* draait om het overwegen van de verandering en ook al een beetje om het voorbereiden ervan.

- *Durven* gaat volledig over het voorbereiden van de verandering.
- *Doen* heeft betrekking op actie en onderhoud.

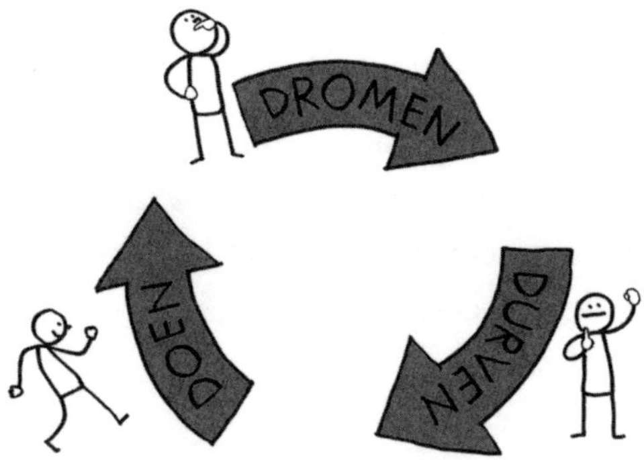

We onderscheiden in dit boek drie fasen: dromen, durven en doen.

Ik vertel je er nu alvast wat meer over en in de hoofdstukken hierna wordt stap voor stap uitgelegd hoe het werkt.

Dromen... Vaak weten we wel dat we iets willen veranderen of ervaren we een bepaalde onvrede over zaken in ons leven, maar we weten nog niet precies wat we willen en welk gedrag daarvoor nodig is.

In deze fase gaan we samen aan de slag om onze dromen concreet te maken. Waar streven we eigenlijk naar, welke richting willen we uit? En welk gedrag is daarvoor nodig?

Doel van deze fase is om *doelgerichte en concrete gedragsintenties te formuleren.*

Iedere fase zal je helpen om je verandering verder vorm te geven en je zelfsturing te versterken

Durven... Veel mensen denken op voorhand al te weten dat het ze tóch niet gaat lukken om hun gedrag te veranderen. Ze weten van tevoren al dat er crisissituaties zullen komen waarin ze gaan terugvallen in oude, ineffectieve gewoontes. De gedachte eraan verlamt ze nog voordat ze begonnen zijn.
Maar door deze situaties juist vooraf in kaart te brengen en je er goed op voor te bereiden, vergroot je de kans op succes enorm.

Doel van deze fase is om *de moeilijkste verandersituaties gedegen voor te bereiden.*

Doen... Nieuw gedrag inzetten en doorzetten valt in de regel niet mee. Ook niet als je de zaken goed hebt voorbereid. Het zijn de directe consequenties van ons nieuwe gedrag – pijn en plezier – die bepalen of we doorzetten of niet.

Door meteen dagelijks je nieuwe gedrag te gaan meten en te belonen, train je je hersenen om van dit nieuwe gedrag een gewoonte te maken.

Doel van deze fase is om *het gewenste gedrag te beginnen, te meten, te belonen en vol te houden.*

Iedere fase zal je helpen om je verandering verder vorm te geven en je zelfsturing te versterken. Maar iedere stap kost ook moeite en is daarmee tegelijkertijd een test voor je motivatie!

Binnen alle drie de fasen ligt onze focus op gedrag. Voor sommige psychologen is het zo evident dat veranderen om gedrag draait, dat ze het nauwelijks meer hardop benoemen. Maar in de vele workshops die ik de afgelopen jaren heb gegeven over dit onderwerp, merkte ik telkens weer dat veel mensen wel weten welke resultaten ze willen bereiken met een verandering, maar zich onvoldoende realiseren dat er een vertaling naar concreet, praktisch gedrag nodig is om ook zover te komen.

De kern van mijn aanpak is dat je ervoor zorgt dat je bewuste intenties en je automatische neigingen elkaar niet ondermijnen, maar juist versterken.

Veel langetermijndoelen leiden tot kortetermijnfrustraties. Op wilskracht houden we het misschien een tijdje vol, maar op een onbewaakt ogenblik (bijvoorbeeld als we gestrest zijn of uitgeput) dan neemt onze automatische piloot het over en vallen we terug in oude, ineffectieve gewoontes.

We richten ons met deze aanpak dus nadrukkelijk ook op onbewust, automatisch gedrag. Als je je automatismen namelijk niet zelf bestuurt, besturen ze jou!

Snelle kicks

Een van de dingen die je hebt geleerd in hoofdstuk 2 is dat ons onbewuste, automatische gedrag vooral wordt gestuurd door pijn- en plezierprikkels die meteen volgen. Dat maakt het zo moeilijk voor ons om veel tijd en moeite te investeren in een resultaat dat pas op de lange termijn komt.

Op de middelbare school stelde ik het leren van proefwerken en tentamens altijd uit tot het laatste moment. Ik had meteen kunnen beginnen met studeren op de eerste dag dat ik de tentamendatum wist. Ik had het werk in gelijke porties kunnen opdelen en op die manier zonder stress de eindstreep kunnen halen. Alleen... ik deed het niet. Ik wist dat het beter zou zijn, maar ik voelde de noodzaak niet.

Pas in het zicht van de finish, als de beloning of de straf nadert, neemt de motivatie van mensen toe en beginnen we aan de eindsprint. Het bijzondere is dat dit voor alle mensen in de wereld geldt, los van ras, cultuur of overtuiging. Het is een aangeboren neiging.

Onze gevoeligheid voor krachtige prikkels op de korte termijn leidt soms tot grote problemen. Verslavingen ontstaan op deze manier. Drugs laten ons – meteen, zonder uitstel – zulke sterke beloningen ervaren, dat onze hersenen het niet meer kunnen vergeten. Bovendien veroorzaakt het feit dat drugs na een tijdje uitgewerkt zijn juist een heel vervelend gevoel. Verlangend naar die eerder ervaren beloning en bang voor die dreigende straf van de ontwenningsverschijnselen, zet je brein je lichaam ertoe aan om nieuwe drugs te gaan halen. Zo werkt het met roken, met drinken, met cocaïne, maar ook met fastfood en andere 'onschuldige' verslavingen.

Eigenlijk een heel gemeen proces. Drugs – en heel veel andere dingen die meteen leiden tot een kick – maken eerst je brein ziek en vervolgens verpesten ze de rest van je leven.

De aanpak in dit boek is erop gericht om boven dit soort snelle kicks uit te stijgen en juist die dingen te realiseren die een wat langere inspanning vergen. Dingen die juist daardoor tot een bevredigender resultaat leiden.

Denk maar aan hoe het werkt in de liefde. Eén keer per jaar een eindsprint trekken als de verjaardag van je partner nadert, helpt niet. Een fijne relatie vergt dagelijks onderhoud. Daarbij zul je regelmatig je eigen kortetermijnbelang moeten overwinnen.

Pas in het zicht van de finish neemt de motivatie van mensen toe

Afvallen blijft ook een goed voorbeeld. Even snel een paar kilo's kwijtraken leidt er in de meeste van de gevallen toe dat we een jaar later méér wegen dan voor ons bliksemdieet. Alleen als we onze levensstijl permanent weten te wijzigen, zullen we ook permanent beter in ons vel zitten.

Langetermijnsuccessen

De belangrijkste veranderingen in ons leven draaien om het overwinnen van onze natuurlijke zucht naar snelle bevrediging. Deze veranderingen vragen een overwinning op onze aangeboren en geconditioneerde neigingen. Of – beter nog – ze vereisen dat we onze oude, ineffectieve automatismen doorbreken en nieuwe, effectieve gewoontes aanleren. Het zal je waarschijnlijk niet verbazen dat dit soms behoorlijk wat tijd en moeite kost. Al was het alleen maar omdat onze huidige gewoontes, ook al zijn ze op termijn slecht voor ons, ons een gevoel van zekerheid verschaffen.

De beroemde psycholoog Carl Rogers vond dat ieder mens twee dingen zou moeten leren in zijn leven: de acceptatie van een bepaalde mate van onzekerheid en het kunnen uitstellen van het incasseren van beloningen. Het aanleren van deze twee vaardigheden kan een heel leven duren. Het is het proces van vallen en opstaan, van ouder en wijzer worden, van uiteindelijk een volwassen, verstandig – misschien zelfs wijs – mens worden.

Wat mij opvalt als je praat met wijze, oudere mensen die hebben geleerd om verdriet en onzekerheid te accepteren, mensen die in staat zijn om hun directe, oppervlakkige behoeften ondergeschikt te maken aan belangrijker zaken, is dat zij niet vol onbevredigde verlangens zitten. Het is niet zo dat zij hun volwassen levenshouding puur op wilskracht en discipline hebben verworven. Het is meer zo dat zij hebben geleerd om oprecht te genieten van deze andere manier van leven.

Op het moment dat we besluiten om de directe bevrediging van een oppervlakkige behoefte uit te stellen of af te wijzen, kunnen we daar een andere, directe beloning voor terugkrijgen. Het gevoel de juiste keuze te maken. Iets goeds te doen. Een gevoel van meesterschap.

Bij iedere verandering die we realiseren, bouwen we aan dat meesterschap. Langzaam maar zeker ervaren we – ondanks de betrekkelijke chaos die het leven meestal is – dat we aan een paar belangrijke dingen zelf leiding kunnen geven.

- Veranderingen verlopen in verschillende fasen. De eerste, *dromen*, draait erom dat we doelgerichte en concrete gedragsintenties formuleren.
- Doel van de tweede fase, *durven*, is om de moeilijkste verandermomenten gedegen voor te bereiden. Zo voorkomen we terugval in oude, ineffectieve gewoontes.
- De derde fase is *doen*. Bedoeling is om het gewenste gedrag te beginnen, te meten, te belonen en vol te houden.

'Pas na meerdere gesprekken met de arts snapte ik dat ik een burn-out had'

Gezin, gezondheid en genieten. Dat staat tegenwoordig centraal in het leven van **Pierre (45)**. Een burn-out dwong hem om te analyseren wat hij echt belangrijk vindt in het leven.
'Ik was zes jaar druk bezig geweest met een groot project en was erg ambitieus en gedreven. Ik werkte hard en met veel plezier. Na dit project kreeg ik, door het uitvallen van enkele collega's, naast mijn eigen werk er nog van alles bij. Tegelijkertijd was er een reorganisatie gaande, waardoor ik steeds meer het gevoel kreeg me te moeten verantwoorden. Ik had niet meer het gevoel dat ik gewaardeerd werd.'

'Er werd in mijn ogen ook te veel gepraat en tijd verspild, waardoor we niet meer toekwamen aan het echte werk. De frustratie was groot. Relativeren lukte steeds minder en alles begon steeds zwaarder te wegen. Ik had last van mezelf, maar ook van de bedrijfscultuur.
Zeker het laatste halfjaar was ik niet meer in staat om nog maar vijf minuten rustig op de bank te zitten. Ik was veel te onrustig en voelde me schuldig als ik niet werkte.'

'De burn-out begon vrij onschuldig met tintelingen in mijn rechterarm, meestal 's nachts. Na een paar maanden werd ik regelmatig wakker van de pijn. Totdat ik plotseling niet meer in staat was om een pen vast te houden. Een muisarm, luidde de diagnose. Vervolgens kreeg ik ook last van mijn linkerarm en moeite met het begrijpen van e-mails. Ik kreeg het gevoel dat het allemaal te veel werd en moest een paar weken rust houden.'

'Maar de klachten werden steeds erger. Ik kreeg tintelingen en pijn in mijn hele lichaam en moest in beweging blijven om het draaglijk te houden. De

'Er zijn maar drie dingen echt belangrijk'

onrust en irritatie namen toe en het lukte me niet meer me te ontspannen of te slapen. Vervolgens ontdekte ik dat ik geen krantenartikelen meer kon lezen of begrijpen. Ook was ik regelmatig de weg kwijt en kreeg ik last van angststoornissen.
Pas na meerdere gesprekken met de arts drong het tot me door dat ik een burn-out had. Iets wat ik nooit van mezelf had verwacht.'

'Nadat ik ervan overtuigd was dat antidepressiva nodig waren, ging het in eerste instantie nog even wat slechter. Tot ik op een ochtend wakker werd en alles ineens superhelder zag. Ik heb toen opgeschreven wat ik dacht, waar de knelpunten lagen en van daaruit ben ik verder gaan analyseren.
Met behulp van de medicijnen kon ik weer nadenken en ben ik op een rijtje gaan zetten hoe de burn-out ontstaan is, welke karaktereigenschappen een rol spelen en wat ik echt belangrijk vind.
Dat zijn eigenlijk maar drie dingen: gezondheid, gezin en genieten. Dat zijn de ankers geworden waar ik alles aan ophang. Ook m'n werk. Het werk is wel belangrijk, maar niet zo belangrijk als ik dacht.'

'Vervolgens ben ik aan de slag gegaan. Zo vond ik dat ons huis te klein was voor ons temperamentvolle gezin en ben ik gaan verbouwen.
Ook vind ik het belangrijk om tijd voor mezelf te maken en een vaste avond in de week te gaan sporten. Dat zijn heel concrete dingen die je zelf kunt organiseren.
Genieten is ook tijd nemen voor de kinderen en mijn vrouw. Ik neem nu regelmatig een dag vrij en dan gaan we met z'n tweeën iets leuks doen. Kleine dingen, die ik eerst dus niet deed.'

Een aantal maanden later is Pierre weer voorzichtig gaan werken. 'Alles wat er nog lag, heb ik in één keer weggegooid, ook de e-mails. Zo kon ik

heel bewust met een schone lei beginnen. Het eerste wat ik op het werk deed, was heel duidelijk bepalen: wat doe ik *wel* en wat doe ik *niet*.
Je moet je kaders duidelijk maken en deze uitspreken. Dat is niet makkelijk en heeft ook tot conflicten geleid. Het blijft moeilijk om je werkomgeving te managen.
Al met al ben ik er veel beter uitgekomen. Ik ben veel zelfbewuster en mijn assertiviteit is enorm toegenomen. En ik heb geleerd om makkelijker dingen los te laten, doordat ik nu weet wat écht belangrijk is.'

> Het is soms niet makkelijk, maar vaak wel noodzakelijk om te weten wat je echt belangrijk vindt in het leven. Neem de tijd voor dat proces.
> Stel jezelf haalbare doelen. Denk vanuit de zaken die je onder controle hebt. Bepaal heel concreet wat je wel en wat je niet doet.
> Als er een grote verandering nodig is, betekent dit ook: loslaten wat geweest is. Blijf niet achteromkijken, maar richt je op de toekomst en begin met een schone lei.

5

Dromen: jouw richting bepalen

- **Hoe bepaal je wat de moeite van het nastreven waard is?**
- **Meer jezelf zijn en tóch veranderen, hoe werkt dat?**
- **Wat te doen met overtuigingen die je in de weg staan?**

Meestal weet ik vrij goed wat ik belangrijk vind in het leven. Als je mij ernaar vraagt, dan noem ik dingen als: geluk, gezondheid, mijn gezin, vrede. Ja, ik ben goed opgevoed.

Maar als je mij daarna een paar uur in de gaten houdt, dan zie je dat ik regelmatig boos word op anderen (vooral in het verkeer), dat ik ongezonde dingen eet, dat ik veel tijd aan mijn werk besteed en dat mijn gezin vaak even moet wachten. Het verschil tussen bewuste keuzes en onbewust gedrag... We hebben het er al vaker over gehad.

Alleen sóms, soms doe ik gelukkig ook dingen die werkelijk passen bij wat ik belangrijk vind in het leven. Soms heb ik een dag, een middag of misschien maar een uur, waarbij er sprake is van balans tussen wat ik werkelijk wil en wat ik in het echt ook doe. Op die momenten ben ik niet iemand anders. Dan ben ik ook gewoon mezelf. Alleen wel mijn 'betere zelf', zou je kunnen zeggen.

Meer jezelf zijn zoals je bent op je beste momenten

Volgens mij is het geheim van zelfmanagement, van verandering, persoonlijke groei (of welk etiket je er ook op wilt plakken) dat je uiteindelijk méér van dit soort momenten creëert. Niet iemand anders worden, maar meer jezelf zijn zoals je bent op je beste momenten.

Niemand wil meer zichzelf worden zoals hij is op z'n slechtste momenten. Jij ook niet. Maar van die 1% beste momenten, 2% maken of méér, dat is iets wat ik waardevol vind. Iets wat mijn dierbaren zullen waarderen. En iets waarvan ik geloof dat ik het kán. Precies de drie voorwaarden van de psycholoog Ajzen – die ik al noemde in hoofdstuk 1 – waaraan een goede beslissing voldoet.

Doelen stellen

Doelgericht leven is iets wat veel mensen bezighoudt. We willen graag dat ons leven ergens toe dient. Dat het zin heeft.

Aan de andere kant ervaar ik dat het voor de meeste mensen erg moeilijk is om met een paar woorden zomaar eventjes aan te geven wat die zin van het leven dan wel is.

Al die goeroes en boeken die willen dat je eerst Het Ultieme Doel in je leven formuleert, Die Ene Droom die het leven de moeite waard maakt, werken op mij vaak eerder verlammend dan stimulerend.

Aan de andere kant: sommige mensen wentelen zich in het licht onbehaaglijke gevoel dat er 'iets' moet veranderen in hun leven, maar weigeren te onderzoeken wat dan wel. Ook dat is niet handig. Wie aan de slag gaat met effectieve zelfmanagementtechnieken, maar nog geen richting heeft, lijkt op iemand die in een taxi stapt en tegen de chauffeur roept: 'Rij maar wat rond. Het maakt me toch niet uit waar ik uitkom.'

In een interview zei de Britse populaire filosoof Alain de Botton: 'Om gelukkig te zijn, moet je jezelf kennen; begrijpen wat je behoeften zijn en of die realistisch zijn. Dus moet je veel over jezelf nadenken. Weinig mensen doen dat goed, want denken is een zware bezigheid.'

Een besef van richting, een idee over wat je wél wilt en wat je graag wilt vermijden, is belangrijk. Het is goed dat je een begin van een 'waarom' hebt. Een diepere reden waarom je moeite gaat doen om je leven op een paar belangrijke terreinen actief te sturen.

Maar een dichtgetimmerd stappenplan dat tot voorbij je 90e loopt, is overdreven.

Mijn advies is: houd het eenvoudig. Verken de dingen in je leven waar je warm voor loopt en de dingen in je leven die je teleurstellen. In eenvoudige woorden: verken je JA-gebied en je NEE-gebied, zet een globale richting uit en ga aan de slag!

Dromen vanuit NEE

Omdat straf, dreiging en verlies zo'n grote invloed op ons leven hebben, hebben jij en ik van nature de neiging om meer naar de negatieve elementen in ons leven te kijken dan naar de dingen die goed gaan. We richten ons automatisch vooral op wat we niet kunnen, op wat in het verleden is misgegaan en op die zaken waarvan we weten dat ze nooit zullen lukken.

Sla maar een willekeurige krant open. Slecht nieuws houdt ons meer bezig dan goed nieuws. Eens in de zoveel jaar probeert iemand een 'goed nieuws'-krant van de grond te tillen. Vooraf zeggen heel veel mensen altijd dat ze dit een mooi initiatief vinden, er is tenslotte al zoveel rottigs in de wereld. Maar na een tijdje gaat zo'n krant weer roemloos ten onder. Wegens gebrek aan lezers.

Die focus op het NEE-gebied van ons leven is handig om te overleven. En in veel omgevingen kun je bovendien scoren met een kritische houding. Maar te veel aandacht voor het NEE-gebied belemmert onze ontwikkeling. Het is maar al te makkelijk om te blijven hangen in pessimisme en een negatief zelfbeeld. Of in cynisme, want daarmee bescherm je jezelf tegen alle mogelijke teleurstellingen.

Soms is te veel aandacht voor het NEE-gebied, dus voor alles wat misgaat, ronduit gevaarlijk. Onderzoek naar ondernemers die failliet gingen, laat zien dat ze de maanden vóór het faillissement meestal de goedlopende zaken – die hen misschien nog hadden kunnen redden – laten lopen en alleen nog maar aandacht besteden aan de dingen die fout gaan in hun bedrijf.

Onwillekeurig moet ik bij zulke verhalen altijd denken aan konijnen. Overstekende konijnen schijnen net zo lang in de koplampen van aanstormende auto's te kijken tot ze overreden worden. Dat is niet slim. Maar daar zijn het ook konijnen voor. Wij zouden beter moeten weten.

Te veel aandacht voor het NEE-gebied belemmert onze ontwikkeling

Is het NEE-gebied daarmee verboden terrein? Nee, zeker niet. Juist (dreigende) problemen kunnen een belangrijke motivatie voor verandering zijn. Daar hebben we het uitgebreid over gehad. Het kan geen kwaad om jezelf er goed van te doordringen tot welke problemen een slechte gewoonte leidt. Stel het je gerust maar zo levendig mogelijk voor.

Het is alleen van het grootste belang om niet in het NEE-gebied te blijven hangen. Zorgen, problemen en dreigende verliezen moeten ons motiveren om oplossingen te bedenken. En deze oplossingen, die vinden we in het JA-gebied.

Dromen vanuit JA

Het JA-gebied is de optelsom van je beste momenten tot nu toe. Momenten die je ook nog steeds een goed gevoel geven als je eraan terugdenkt. Het gaat om ervaringen die je niet alleen een snelle kick gaven op dat moment, maar die een dieper spoor hebben getrokken in je leven.

Het JA-gebied gaat over de dingen waar je wél invloed op hebt, over dingen die je wél kunt, over wat er in het verleden wél goed ging en over die zaken waarvan je weet dat ze in de toekomst wél zullen lukken.

In dat JA-gebied liggen onze mogelijkheden om ons verder te ontwikkelen. Daar moeten we zoeken naar de oplossingen voor de problemen die vanuit het NEE-gebied op ons afkomen.

Nogmaals: je hoeft niet alle tijd in je JA-gebied door te brengen. De vraag is alleen: wat is effectiever? Twee uur achter elkaar klagen? Of: een halfuur klagen en anderhalf uur naar oplossingen zoeken?

In hoofdstuk 1 vertelde ik je welke drie elementen ons van nature sturen bij het vormen van onze intenties.

1. We willen dat onze voornemens nuttig en belangrijk zijn.

2. We willen graag dat de mensen die wij belangrijk vinden, instemmen met onze voornemens.
3. We moeten geloven dat we de mogelijkheden hebben om onze voornemens uit te voeren.

Deze drie punten helpen je bij het onderzoeken van je JA-gebied. Het is een kwestie van de juiste vragen stellen.

Vragen als:

- Voor welke zaken in je privéleven ben je dankbaar? Op welke momenten heb je dat plezierige gevoel dat het klopt?
- Welke werkzaamheden kun je urenlang achter elkaar doen met veel plezier? Wat zijn talenten en vaardigheden die echt bij jou horen?
- Voor welke dingen in de maatschappij loop je warm? Voor welke documentaire blijf je bijvoorbeeld langer op?
- Wat zijn spirituele hoogtepunten in je leven? Op welke momenten had je het gevoel dat je leven echt betekenis had?
- Op welke momenten ervaar je de waardering van de mensen die je dierbaar zijn?
- Wanneer merk je dat je ergens goed in bent? Bij welke activiteiten, klusjes, taken voel je dat?

Nu zijn deze vragen natuurlijk sneller gesteld dan beantwoord. Maar geloof me, het is de moeite waard om hier tijd aan te besteden.

Als je op deze vragen een aantal voorlopige antwoorden hebt gevonden, dan volgt misschien wel de belangrijkste vraag. De vraag die je helpt om je eigen richting te vinden.

Droom eens hardop: *Hoe zou het leven eruitzien als deze momenten geen uitzondering vormden, maar de regel waren? Probeer je dit eens serieus en concreet voor te stellen.*

We besteden vaak te veel tijd aan het NEE-gebied in ons leven en te weinig tijd aan het JA-gebied.

Werken vanuit je sterke punten is trouwens ook veel motiverender dan proberen je zwakke punten te verbeteren. Op de middelbare school laten we de vakken vallen waar we slecht in zijn en die we niet leuk vinden. We kiezen juist de vakken waar we energie van krijgen en goed in zijn. Dat is ook het effectiefst bij het vormgeven van veranderingen. Bepaal je doelen en met name de manier waarop je deze gaat bereiken vanuit je bestaande talenten en vaardigheden.

Het bekende onderzoeksbureau Gallup stelde vast dat in bedrijven waar de 'reparatie-aanpak' domineert, waar mensen dagelijks bezig zijn met het verbeteren van minpunten, slechts 9% van de medewerkers zich gemotiveerd voelt. In bedrijven die kiezen voor een 'sterke punten'-benadering, werken vanuit wat je wel kunt, voelt gemiddeld 73% van de werknemers zich gemotiveerd. Een enorm verschil.

Een paar droomsuggesties

Als je je beste momenten op een rijtje hebt gezet, krijg je al iets meer gevoel voor de richting die bij jou past. Maar als het allemaal nog wat vaag is, dan volgen hier een paar suggesties. Let op: het is niet mijn bedoeling om te preken. Ik baseer me op beroemd onderzoek van de Amerikaanse psycholoog Martin Seligman. Hij is de oprichter van het Centrum voor Positieve Psychologie aan de Universiteit van Pennsylvania en stelde vast welke dingen objectief en meetbaar bijdragen aan het geluk van mensen. Daarbij maakte hij een onderscheid tussen *omstandigheden* en *deugden*.

De top vijf van omstandigheden ziet er als volgt uit.

1. Wonen in een welvarend, democratisch land
2. Een uitgebreid sociaal netwerk onderhouden
3. Getrouwd zijn
4. Geloven in God
5. Negatieve emoties vermijden

Sommige dingen waarvan we geloven dat ze ons gelukkig maken, hebben helemaal geen effect

Dit soort omstandigheden zijn doorgaans de resultaten van toeval, geluk, aangeboren eigenschappen, opvoeding en soms ook van een hele reeks inspanningen. Ze kunnen niet eenvoudig 'gemaakt' worden. Het zijn ook geen dingen die je tijdelijk even doet.

Aan de andere kant helpt dit rijtje mij wel bij het bepalen van wat de moeite van het nastreven waard is en wat niet. Het helpt bij het kiezen van een richting.

Seligman en zijn collega's stelden ook vast dat sommige omstandigheden waarvan hele volksstammen geloven dat ze ons gelukkig maken, helemaal geen effect hebben. Zoals:

- Meer geld verdienen
- In een zonnig land wonen
- Gezond blijven
- De best mogelijke opleiding volgen

Deze zaken lijken de moeite waard, maar bieden in de regel slechts een tijdelijke opkikker. Ze zorgen hooguit enkele maanden voor een verhoogd geluksgevoel. Voor de vervulling van je leven hoef je ze niet na te streven.

Zeven deugden om van te dromen

Naast omstandigheden die het nastreven waard zijn, wijst Seligman erop dat ook deugden het leven de moeite waard maken. Niet voor niets zien we in vrijwel alle grote levensbeschouwingen en religies een aantal leefregels terugkeren. Veel mensen ervaren dat het ontwikkelen van deze deugden je leven zin en inhoud geeft.

Van oudsher wordt er een onderscheid gemaakt tussen vier natuurlijke, menselijke deugden en drie spirituele of geloofsdeugden.

De vier natuurlijke deugden zijn:

1. Verstandigheid: streef ernaar zo slim en verstandig te handelen als je kunt.
2. Zelfbeheersing: ga in alle dingen zo ver als goed is en niet verder.
3. Rechtvaardigheid: wees eerlijk en fair tegenover iedereen.
4. Dapperheid: durf je eigen keuzes te maken en vol te houden.

Deze deugden kunnen je helpen om scherper te bepalen hoe jouw JA-gebied eruitziet. Wat waren jouw momenten van verstandigheid, zelfbeheersing, rechtvaardigheid en dapperheid? Wat deed je? Wat dacht je? En hoe voelde dat?

De drie spirituele deugden zijn:

1. Geloof: God zoeken en je verdiepen in Zijn doel met jouw leven.
2. Hoop: vertrouwen op de beloftes van God.
3. Liefde: God liefhebben boven alles en je naaste als jezelf.

Ook deze deugden helpen je om zinvolle doelen te stellen in je leven. Ik realiseer me overigens heel goed dat de drie spirituele deugden bij veel mensen vraagtekens oproepen. Sommige mensen hebben met veel opluchting juist afscheid genomen van hun religie. Van een kerk met allerlei regels en weinig liefde en respect voor mensen.

Aan de andere kant heb ik persoonlijk ervaren dat een leven zonder God ook een heel leeg leven kan zijn. Als het definitieve antwoord op mijn zoektocht naar zingeving zou zijn dat mijn leven ten diepste zinloos is en een product van een kosmisch toeval, zou me dat persoonlijk niet bevredigen.

Je voelt wel aan dat het in dit hoofdstuk niet om tijdelijke, snelle of makkelijke veranderingen gaat. Even jezelf in een paar weken bikini- of zwembroekklaar maken voor de zomer, dat soort dingen.

Niet dat zulke doelen verboden zijn, natuurlijk niet. Maar verwacht ook niet dat ze nu een echte, blijvende bijdrage leveren aan je levensgeluk. Sterker nog: tijdelijke kortetermijndoelen leiden bijna altijd tot snelle terugval en de bijbehorende frustratie.

Belemmerende overtuigingen

Als je enige tijd rondspeurt in je NEE- en je JA-gebied (bijvoorbeeld aan de hand van de omstandigheden die Seligman selecteerde of door de bril van de zeven deugden), dan zul je in staat zijn om globaal je richting te bepalen. Je zult in staat zijn om te benoemen wat je belangrijk vindt om na te streven en wat niet.

Wat mij opvalt is dat veel mensen – als ze eenmaal weten wat ze echt belangrijk vinden in hun leven – ook per direct allerlei belemmeringen zien om deze inzichten werkelijk te vertalen naar actie.

Ze durven er niet op te vertrouwen dat de koers die ze zouden willen kiezen voor hun leven, echt de juiste is. Nu is enige voorzichtigheid natuurlijk niet slecht, maar vaak blijven we ook hangen in allerlei oude, belemmerende overtuigingen.

Overtuigingen hoeven niet de Waarheid – met een hoofdletter W – te zijn

Overtuigingen als:

- Ik heb hier geen recht op; het is overdreven wat ik wil; misschien is het zelfs gevaarlijk wat ik wil; dit is niet voor mij weggelegd.
- Andere mensen zien mij of dit plan niet zitten; er is toch niemand die mij wil helpen.
- Ik kan dit nooit realiseren; ik zal het nooit perfect doen; ik ben nu eenmaal geen doorzetter; dit lukt me nooit.

Overtuigingen kun je beschouwen als 'gewoontegedachten'. Het zijn die dingen die we in de regel geloven rondom een bepaald onderwerp. Het zijn de eerste woorden, beelden en andere gedachten die de jukebox in je hoofd volautomatisch naar voren brengt, als je met iets wordt geconfronteerd: met een voornemen, met een wens, met je spiegelbeeld, met een andere persoon, enzovoort.

Overtuigingen hoeven niet noodzakelijkerwijs de Waarheid – met een hoofdletter W – te zijn. In hoofdstuk 2 ging het over iemand die al zeventig jaar geen witlof meer eet op grond van één ervaring.

Op dezelfde manier geloven heel wat mensen in 'waarheden' over zichzelf, over andere mensen of de maatschappij als geheel. Vaak op grond van slechts één enkele persoonlijke ervaring of op grond van één les die ze ooit van anderen hebben geleerd.

Een goede, tamelijk assertieve vriendin van mij kreeg als puber van haar ouders te horen dat ze niet moest denken dat ze beter was dan andere mensen. Op zichzelf een prima les. Alleen voegde haar moeder hier boos aan toe: 'Want zo knap ben je nou ook weer niet.' Vervolgens heeft ze jarenlang getobd over haar uiterlijk.

Pas als dertiger, toen ze zelf kinderen had, realiseerde ze zich dat haar moeder destijds gewoon haar zelfbeheersing had verloren en helemaal niet meende wat ze zei. Een hele opluchting, maar wel wat laat natuurlijk.

Je weet het: pijnlijke ervaringen maken meer indruk dan positieve. Het is niet raar dat we in de regel veel overtuigingen met ons meezeulen die ons belemmeren in het streven naar ontwikkeling en verbetering.

Sommige mensen zijn zelfs bang voor het opschrijven van hun doelen. Of het bespreken van hun doelen met hun partner of met vrienden. Het is de eerste onzekere stap in het vaarwel zeggen van hun huidige leven. Ook al is dat huidige leven een leven waar ze eigenlijk niet tevreden mee zijn, ze weten in ieder geval wel precies waar ze aan toe zijn.

Onzinnige overtuigingen overboord

Hoe bepalen we nu welke overtuigingen we moeten opruimen en welke nuttig zijn? We kunnen toch onmogelijk alle dingen waarin we geloven op een wetenschappelijk verantwoorde manier onderzoeken?

Klopt. Moeten we ook niet aan beginnen. Ik stel drie praktische stappen voor.

Allereerst is het al heel wat als we ons realiseren dat onze overtuigingen niet de Waarheid vormen, maar ons *beeld* van de waarheid. Het helpt om je overtuigingen te zien als de 'innerlijke variant' van allerlei uiterlijke gewoontes. Het zijn gewoontes in je hoofd, zoals je ook gewoontes hebt in je spraakgebruik of in de manier waarop je je klerenkast opruimt.

Neem ze dus niet té serieus, zeker als je er geen harde bewijzen voor hebt. Ik zag laatst een tv-programma over het beeld dat Amerikanen van Nederland hebben. Een man die op straat werd geïnterviewd bleef maar volhouden dat Nederland de hoofdstad van Denemarken is. In de regel kom je als Amerikaan prima weg met zo'n overtuiging. Maar als je van plan bent om op vakantie te gaan naar Nederland, dan is het belangrijk om je beeld van de werkelijkheid vooraf even te checken.

Tweede punt. Stel jezelf de vraag of je overtuiging écht klopt. De meeste overtuigingen zijn generalisaties die we vormen op basis van één of enkele ervaringen. Ervaringen die je zelf hebt opgedaan of die anderen met je gedeeld hebben.

Weet je zeker dat jouw overtuiging altijd en overal opgaat? Zijn er werkelijk geen uitzonderingen te bedenken?

En wat is eigenlijk de bron van je overtuiging? Wat zorgt ervoor dat je zo denkt zoals je denkt? Wat is het tastbare bewijs? Kun je een voorbeeld geven?

Stel: je bent ervan overtuigd dat je niet goed bent in het samenwerken met andere mensen. Betekent deze overtuiging dan dat je écht helemaal nooit meer iets samen moet ondernemen met een ander? Geloof je dat écht?

En op basis waarvan? Hoeveel slechte ervaringen heb je opgedaan voordat je tot deze conclusie kwam? Honderd? Vijftig? Vijfentwintig? Of waren het er misschien minder?

Derde punt. Stel jezelf de vraag of je overtuiging je ook écht helpt. Stel dat je in de lijn van een huidige belemmerende overtuiging zou blijven handelen, wat zou dat je dan uiteindelijk opleveren? Wat is de ultieme consequentie ervan?

Stel: je blijft volharden in de overtuiging dat je niet kunt samenwerken met anderen. Wat zou dat dan betekenen? Zou dat er niet op neerkomen dat je uiteindelijk helemaal alleen komt te staan? En als dat de ultieme consequentie van je overtuiging is, hoe nuttig is die overtuiging dan voor jou?

> Veel mensen blijven te lang hangen in hun NEE-gebied. Ze zien wél problemen, valkuilen en dreigingen, maar zetten niet de stap naar mogelijke oplossingen.
> Het JA-gebied is de basis voor ontwikkeling en groei. Het draait erom dat je meer jezelf wordt zoals je bent op je beste momenten.
> Veel mensen hebben last van belemmerende overtuigingen. Vraag je kritisch af of je overtuigingen over jezelf en je plannen écht kloppen en écht helpen.

'De avond voor ik ontslag nam, zaten we nog uren te praten'

Na acht jaar werken in de financiële sector besloot **Tineke (33)** haar baan op te zeggen om verloskunde te gaan studeren. Eigenlijk wilde ze al van jongs af aan de medische kant op, maar ze werd uitgeloot: twee keer voor geneeskunde en één keer voor verloskunde.
Ze besloot iets heel anders te gaan doen en ging de financiële kant op. Maar toch bleef het knagen en kwam steeds weer de gedachte terug: zal ik niet toch...? Maar altijd waren er weer te veel beren op de weg en zei ze tegen zichzelf dat ze niet moest zeuren.

De omslag kwam toen Tineke in het jaar na de geboorte van haar eerste kind maar liefst zeven keer erg ziek werd. 'Ik vroeg me af: wat wil mijn lijf me eigenlijk vertellen? Het kwartje viel toen ik in bed een artikel las over geluk. Ik realiseerde me: je moet gewoon tóch verloskunde gaan studeren. Je moet niet langer denken in onmogelijkheden, maar juist gaan onderzoeken of het kan.
Ik ben toen direct naar m'n computer gelopen en op internet gaan zoeken naar informatie.'
Haar zoektocht leverde vrijwel meteen een vergelijkbaar verhaal op. Ook iemand die pas op latere leeftijd was gaan studeren. Dat sterkte Tineke in haar overtuiging: het kán dus!

Een jaar was ze bezig om gevoel en ratio met elkaar in evenwicht te krijgen. Om zeker te weten dat ze de juiste beslissing nam.
'Ik wist in mijn hart wel dat ik dit heel graag wilde, maar ik wilde zeker weten dat ik geen verkeerde beslissing zou nemen. Ik heb daarom met heel veel mensen gesproken die werken als verloskundige en ben naar open dagen geweest.'

'Ik was verbaasd dat ik zo aan zekerheid hechtte'

Het vertellen over haar beslissing aan anderen was een moeilijke stap. 'Ik heb het eerst drie weken voor mezelf gehouden en het toen pas aan mijn vriend verteld. Mijn familie en vrienden heb ik het pas na vijf maanden durven vertellen. Ik was zo bang voor de reacties. Het was heel erg van mij en ik voelde me hier heel kwetsbaar over. Ik wilde het zelf zo graag, maar wilde hierbij wel de steun van anderen. Die had en heb ik heel hard nodig.'

'Wat me verder tegenhield was het idee: je weet wat je hebt, maar je weet niet wat je ervoor terugkrijgt. Ik was verbaasd dat ik zo aan die zekerheid hechtte. Anderen hebben me er vaak op gewezen dat ik vertrouwen moest hebben dat het goed zou komen. Dat bleek een essentieel punt voor me te zijn.'

Naast het emotionele waren er allerlei praktische zaken die geregeld moesten worden, zoals de financiën en de kinderopvang. En ook dat was moeilijk en kostte tijd. Toen uiteindelijk het bericht kwam dat ze was aangenomen op de opleiding wist ze dat ze niet meer terugkon en nu echt moest doorzetten.

'De avond voor ik mijn baan moest opzeggen, hebben we nog uren zitten praten. Ik vond het nog steeds eng en had allerlei doemscenario's in mijn hoofd. Ik vond dat mijn vriend Remco er helemaal achter moest staan en zich volledig moest realiseren waar we aan gingen beginnen. Zijn steun was ontzettend belangrijk voor me. Als je zoiets radicaals doet, doe je dat samen. Nog steeds onzeker ging ik slapen. De volgende ochtend voor hij naar zijn werk vertrok, zei hij: "Doe het nou maar."'

Nu is er geen spoor van twijfel meer. ‘Het is zo’n mooi en inspirerend vak. Ik ben helemaal op mijn plek. Ook al is het zwaar om alles te combineren en heb ik echt wel m’n dips als het heel erg druk is. Maar daarnaast is er de sterke overtuiging dat ik de juiste keuze heb gemaakt. Over vier jaar ben ik 37, heb ik mijn opleiding af en dan kan ik nog dertig jaar werken in een prachtig beroep.’

> Gebruik zowel je verstand als je gevoel bij de keuzes die je maakt. ‘Verstandig kiezen’ tegen je gevoel in werkt niet. ‘Op je gevoel’ onverstandige keuzes maken evenmin.
>
> Denk niet in belemmeringen, maar in mogelijkheden. Wat wil je écht en welke stappen zijn daarvoor nodig? Doe onderzoek: hoe hebben anderen dat aangepakt?
>
> Betrek de mensen die je dierbaar zijn actief in belangrijke keuzes, ook al kun je hier soms tegen opzien. Je hebt later hun steun nodig om door te zetten.

6

Dromen: en nu concreet...

- **Waarom het zo belangrijk is om je dromen te vertalen naar gedrag**
- **Wat is M.A.P.-gedrag en hoe formuleer je dat?**
- **Wat deze inspanning je per direct oplevert**

Een vriend van mij begeleidt probleemjongeren die vanuit een uitkeringssituatie weer naar betaald werk moeten. Laatst hadden we het erover hoe zijn werkdagen eruitzien.

'Besteed je veel tijd aan communicatievaardigheden en dat soort dingen?' vroeg ik.

'Dat zou ik wel willen,' zei hij. 'Maar voordat het zover is, moeten ze eerst een paar andere dingen doen.'

'Je bedoelt dat ze eerst gewoon het werk moeten leren doen. De ambachtelijke kant.'

'Ja, dat moet ook. Maar meestal begin ik met nog wat basalere dingen.'

'Oké. Ik begrijp het. Je bedoelt dat ze eerst weer wat zelfvertrouwen moeten ontwikkelen of zo,' raadde ik.

'Nee,' zei hij. 'Het is nog veel basaler dan jij denkt. Ik kan ze pas wat leren als ze er *zijn*. En dat is iedere ochtend maar weer de vraag. Vooral als je net een nieuwe groep binnen hebt. Een flink stel van deze jongens trekt zich niets aan van de klok. Een ander deel meldt zich bij het minste of geringste ziek. En een derde categorie heeft gewoon helemaal geen zin.

Meestal begint de ochtend er dus mee dat ik een paar adresjes afga en de heren uit hun bed haal. En pas als ze na een tijdje hebben geleerd dat ze er gewoon elke dag om acht uur horen te zijn, kunnen we proberen een stapje verder te komen op die andere gebieden.'

Vertalen naar gedrag

Veel mensen dromen graag van begeerlijke eindresultaten. We lezen over iemand die zijn persoonlijke droombaan heeft gevonden of iemand die een bed & breakfast is begonnen in Zuid-Frankrijk en denken: dat wil ik ook.

We zien iemand op tv in een prachtig huis met een lieve partner en dito kinderen. We horen die nieuwe zangeres op de radio die sinds een paar maanden razend populair is.

In de meeste gevallen zien we alleen maar het resultaat dat na veel vallen en opstaan bereikt is. Alle mislukte voorstudies van een kunstenaar komen niet in een museum, die gooit hij weg. De twijfels en angsten van een actrice die voor het eerst op het podium stapt, daar lezen we hooguit over in een interview als ze eenmaal succesvol is.

Als we iets willen realiseren, iets willen veranderen of verbeteren in ons leven, dan zullen we ons juist moeten verdiepen in de verhalen achter het succes. We moeten weten welke dingen je

We zien vaak alleen maar datgene wat na veel vallen en opstaan bereikt is

moet *doen* om het resultaat te bereiken. Welke praktische handelingen brengen je op de plek waar je wilt zijn?

De kunst is om dit bovendien heel concreet te formuleren. Mijn vriend die probleemjongeren begeleidt had ook kunnen zeggen dat het zijn taak is om jongeren 'te activeren'. Dat klinkt heel professioneel. Maar dan had je nog niet geweten wat hij precies doet. Zijn concrete gedrag is: om acht uur controleren welke jongeren er ontbreken op de werkplek en ze vervolgens ophalen met zijn busje.

Soms gaat het hierbij om eenmalige omschakelingen in ons denken en eenmalige handelingen. Het opzeggen van een baan die je al lang ongelukkig maakt, bijvoorbeeld.

In de meeste gevallen komen we er niet met één keer iets doen. De vraag is meestal welke gewoontes we ons eigen moeten maken om op de lange termijn de kwaliteit van ons leven echt te verbeteren.

Want ook als we die vervelende baan hebben opgezegd, komt daarna onherroepelijk de vraag: en nu? Wat gaan we doen om de rest van ons leven zinvol te besteden?

Ik geloof best dat er mensen zijn die via een advertentie de ultieme droombaan vinden. Gewoon: pats, dat is 'm. Maar dat zijn de uitzonderingen. Een meer realistische manier om een droombaan te bemachtigen is door er zelf een te creëren. Door in je bestaande werkomgeving steeds meer taken en verantwoordelijkheden te verzamelen rond jouw persoonlijke talenten en vaardigheden. Stap voor stap elimineer je het werk dat beter bij anderen dan bij jou past. Stap voor stap vorm je je baan rond die bezigheden waar je wél energie van krijgt.

Het woord 'droombaan' roept bij veel mensen het beeld op van iets wat je zomaar in de schoot geworpen krijgt. Maar in werkelijkheid is het hard werken om via veel kleine stappen je carrière naar je hand te zetten.

Ik las een leuke uitspraak van een bekende sportcoach: 'Vijftig keer 2% is ook 100%.' Iedere week een kleine verandering levert ook een groot effect op als je een jaar verder bent.

Het juiste gedrag kiezen

Er zijn drie manieren om erachter te komen met welk gedrag je je droom kunt realiseren. Deze drie technieken helpen je om de richting die je belangrijk vindt te vertalen naar gedrag. Ik raad je aan om deze manieren alle drie te gebruiken en eerst een aantal mogelijke, concrete gedragsvoornemens op een rijtje te zetten. Pas daarna kies je er één of enkele uit waarmee je wilt beginnen.

1. Analyseer je eigen successen uit het verleden: ga nog eens terug naar je JA-gebied en neem de momenten die je hebben geïnspireerd bij het stellen van je doelen zo levendig mogelijk in gedachten. Wat deed je precies op die momenten? Hoe zag dat eruit? Kun je het nog eens voordoen? Probeer zo nauwkeurig mogelijk te bepalen welke elementen meehielpen bij het creëren van je beste momenten.

2. Ga te rade bij experts: kijk af, lees boeken, leer van anderen. Mijn vrouw had jaren niet getennist en heeft het toen weer opgepakt. Ze ging meteen spelen met mensen die behoorlijk geoe-

fend waren. Ik vroeg haar of ze het niet vervelend vond dat ze eigenlijk standaard werd ingemaakt tijdens haar tennisavondjes. 'Vervelend? Als ik met mensen speel die slechter zijn dan ik leer ik toch niets? Door met deze mensen te spelen, ga ik per keer vooruit!'

3. Redeneer en combineer: je eigen topmomenten uit het verleden en de dingen die andere mensen doen, zijn belangrijke input voor het bepalen van je gedragsvoornemens. Maar misschien is het niet mogelijk om dit een op een te herhalen in het hier en nu. Probeer daarom op basis van de informatie die je hiervoor hebt verzameld, gedrag te kiezen waarvan je zeker weet dat het bij jou past.

M.A.P.-gedrag

Als je eenmaal een aantal mogelijke gedragsvoornemens hebt geïnventariseerd, dan is het zaak om die gedragingen te kiezen die *effectief* én *haalbaar* zijn. Gedrag is alleen effectief als je zeker weet dat het bijdraagt aan het doel dat je nastreeft. En gedrag wordt haalbaarder als je weet dat je er zelf goed in bent en wanneer je er ook waardering van andere mensen voor zult krijgen.

Maak een lijstje van je mogelijke voornemens en geef ze op deze twee kenmerken een rapportcijfer. Met de voornemens die het hoogst scoren op effectiviteit en haalbaarheid, moet je daarna nog één verdiepingsslag uitvoeren. Vertaal ze naar *Meetbaar, Actief* en *Persoonlijk* gedrag.

Formuleer je voornemens M.A.P.

- *Meetbaar*: hoe stel je objectief en zonder discussie vast of je je voornemen wel of niet hebt uitgevoerd? Hoe zou een buitenstaander kunnen bijhouden wat jij doet?
- *Actief*: maak duidelijk wat je *wel* gaat doen. Welke gedachten ga je *wel* denken, welke handelingen ga je *wel* verrichten?
- *Persoonlijk*: maak duidelijk wat *jij* gaat doen. Natuurlijk moeten anderen ook van alles in hun leven veranderen, maar dat kun jij niet besturen. Dat zullen ze zelf moeten doen.

Blijf dus niet hangen in:

- *Vage* algemene voornemens als: ik ga beter plannen, ik ga beter op mijn humeur letten of ik ga beter mijn best doen. Bij termen als 'beter' weet je achteraf nooit of een verandering geslaagd is of niet!
- Opsommingen van dingen die je *niet* meer wilt doen zoals: ik wil stoppen met klagen. Het is onmogelijk om actief ergens *niet* aan te denken. Als ik je vraag om nu tien seconden lang, met je ogen dicht, bewust *niet* aan een olifant te denken... aan wat zit je dan nu te denken?
- Het aanwijzen van *anderen* die moeten veranderen. Bijvoorbeeld: wij moeten werken aan onze relatie. Wie is 'wij'? Zou je niet liever gewoon bij jezelf beginnen?

Mijn vrouw en oudste dochter volgden onlangs een cursus reanimeren. Ze deden thuis voor hoe je reanimeert. 'Reanimeren is iets wat je alleen leert door te oefenen,' vertelden ze mij. 'Je moet echt in detail weten hoe je het doet, anders overlijdt degene die je probeert te redden voor de ambulance er is.'

Dat is heel wat anders dan de vage taal die ik vaak in mijn

> **Als ik vraag om nu bewust niet aan een olifant te denken, aan wat denk je dan?**

werk tegenkom. Teksten als 'je moet er een goed gevoel bij hebben', 'iets een plek geven' of 'we willen een stukje bewustwording'.

Het zal je inmiddels wel duidelijk zijn: des te vager een voornemen, des te kleiner de kans op resultaat. Als het echt van levensbelang is – zoals bij reanimeren – moet je heel concreet weten welk gedrag ervoor nodig is.

Een manier die je helpt om je gedrag meetbaar, actief en persoonlijk te formuleren, is doelgericht dagdromen. Verzin een nieuwe film in je hoofd waarin je je voorgenomen gedrag uitprobeert. Probeer actief verschillende voornemens in je hoofd uit. Kijk tijdens het dagdromen goed wat je doet. Stel het je zo levendig mogelijk voor. Schrijf het daarna op.

Als je je voornemens hebt opgeschreven, controleer dan of er woorden in voorkomen als: *iets, een stukje, werken aan, meer, wij, beter, men,* enzovoort. Dat zijn woorden die per definitie te vaag zijn.

Houd het simpel!

Tijdens de workshops die ik geef over zelfmanagement en veranderen, is het formuleren van concreet gedrag meestal het moeilijkste en tegelijk ook het meest waardevolle onderdeel. Mensen – ik ook – vinden het moeilijk om hun doelen te vertalen naar meetbaar, actief, persoonlijk gedrag.
Een paar veelgemaakte fouten:

- Blijven hangen in abstracte, vage termen. Er zijn wel doelen geformuleerd, maar niemand weet precies wat er gedáán moet worden om in de richting te werken van de geformuleerde doelen.
- Doelen op het ene gebied formuleren die strijdig zijn met doelen die je op andere gebieden in je leven nastreeft. Een enorme duw aan je carrière geven valt slecht te combineren met meer tijd vrijmaken voor de mensen die je dierbaar zijn. Het woord 'individu' betekent letterlijk: *ondeelbaar*. Je leidt als mens één leven, en dat is al moeilijk genoeg.
- Te ambitieuze doelen stellen. Je kunt je natuurlijk dingen voornemen die nog nooit door enig ander mens zijn gedaan. Drie kinderen opvoeden én een fulltime baan ernaast én genoeg aandacht besteden aan je partner én ook nog een ruime vriendenkring onderhouden. Afijn... je snapt de boodschap.

Iets wat ik uit persoonlijke ervaring heb moeten leren: kies voor gedrag dat bij je natuurlijke dag- of weekritme past. Neem je geen dingen voor die qua planning en uitvoering al te complex zijn (en geloof me: dat zijn ze al snel). Zoals: ik ga elke maandagochtend fietsen, behalve als het regent, dan ga ik hardlopen of de dag erna naar de sportschool. Zo'n voornemen lijkt nog overzichtelijk op papier, maar in het echte leven schiet het fietsen (of was het nou hardlopen) er al snel bij in.

Houd het liever simpel. Een paar voorbeelden uit de praktijk:
- Elke ochtend ga ik vóór 11.00 uur minstens tien minuten bewegen.
- Elke werkdag parkeer ik de auto op twee kilometer van kantoor en loop ik het laatste stuk.

Veel mensen maken ingewikkelde plannen. Niet doen!

- Elke zondagavond gaan de kinderen om 20.00 uur naar hun kamer en is de avond verder van ons.
- Elke avond noteer ik in een dagboek welke dingen die dag goed gingen en waar ik meer mee wil doen.
- Vijf minuten voor ik thuiskom bij mijn geliefde, vraag ik me even af hóe ik wil binnenkomen. Chagrijnig en gestrest, of vrolijk en ontspannen? Ik heb dan nog vijf minuten om mijn gedrag aan te passen.
- Op werkdagen drink ik fris in plaats van alcohol.
- Wanneer ik met mijn kinderen wandel, dan richt ik me niet op de tocht van A naar B, maar zeg ik tegen mezelf: lekker even samen naar buiten.
- Elke dag begin ik met het maken van een werkschema, waarin ik begin met de rotklusjes en eindig met de leuke dingen. Zaken die bij nader inzien onbelangrijk zijn schrap ik. Zonodig bel of mail ik mensen dat het me helaas niet lukt om deze taken uit te voeren.
- Elke lunchpauze ga ik bij andere collega's in de kantine zitten om zo mijn netwerk uit te breiden.
- Geen tussendoortjes of koek bij de koffie, maar een glas water. Altijd.
- Bij elk gesprek dat ik voer begin ik met minimaal twee vragen aan de ander voordat ik zelf het woord ga voeren.

De trap: begin altijd met iets wat je wél kunt

Een beeld dat je misschien helpt is het volgende. Stel je een trap voor. Boven aan de trap ligt het eindresultaat van wat je wilt bereiken. De treden vormen van – beneden naar boven – allemaal tussenstappen onderweg naar je einddoel.

Begin nu eens niet onder aan de trap, maar bovenaan. Dat is de manier om vanuit je doel terug te redeneren naar het gedrag dat ervoor nodig is.

Boven aan de trap ligt het eindresultaat. De treden vormen de tussenstappen onderweg naar je doel.

Begin boven aan de trap en ga één tree naar beneden. Wat is het gedrag dat direct verband houdt met je doel? Is het iets wat je al doet of wat eenvoudig zou kunnen oppakken?

Zo niet, ga dan een tree lager en stel jezelf opnieuw de vraag of het om gedrag gaat dat je al doet of makkelijk kunt.

Herhaal dit net zo lang totdat je bij een handeling bent uitgekomen waarvan je zeker weet: dit kan ik. Het heeft geen zin om te willen beginnen met gedrag dat nog een tree te hoog voor je ligt. Dat leidt alleen maar tot frustratie en stress. Twee zaken die veranderingen juist in de weg staan.

Een voorbeeld: stel, je wilt een andere draai geven aan je loopbaan. Ander werk, andere omgeving, misschien wel een heel nieuwe richting.

- Boven aan de trap staat dan het resultaat: een nieuwe baan die wél biedt wat jij zoekt.
- De tree ervoor is: solliciteren op die baan.
- De tree daarvoor is: weten welke banen echt bij je passen.
- De tree daarvoor kan zijn: verschillende banen uitproberen, bijvoorbeeld via vrienden of via een uitzendbureau. Of een traject volgen bij een carrièrecoach.

Nog een voorbeeld: misschien wil je wat assertiever worden. Vaker nee zeggen tegen dingen waar je niet blij van wordt.

- Boven aan de trap staat je nieuwe, iets assertievere, zelfbewuste ik.
- De tree ervoor is: altijd nee zeggen tegen dingen die écht niet bij jou of in je agenda passen, tegen iedereen.
- De tree ervoor is: af en toe nee zeggen tegen dingen die niet in je agenda passen, tegen iedereen.
- Enzovoort, enzovoort, tot aan de laagste tree: morgen ga ik als training één keer nee zeggen tegen iemand met wie ik dit van tevoren heb afgesproken.

Als je zegt: 'Ja, dát is simpel. Dát kan ik wel,' dan weet je dat je goed zit.

Als je zegt: 'Zelfs de eerste tree is nog te hoog!' dan zet je gewoon nog een kleiner trapje voor de eerste tree.

In ons voorbeeld zou dat kunnen zijn dat je eerst eens iemand vraagt om je te helpen bij je plannen. Of dat je eerst een week thuis situaties oefent waarin je nee zegt tegen een denkbeeldige persoon of voor de spiegel.

'In één keer goed' bestaat niet

Als je zegt: 'Ja, dát is simpel, dát kan ik wel,' dan zit je goed

Als je me nu ziet hardlopen zou je het niet zeggen. Gewapend met allerlei slimme apps, hartslagmeter en nauwsluitende ventilerende kleding, ren ik regelmatig rondjes van tien kilometer of meer. Maar toen ik een paar jaar geleden begon met hardlopen, deed ik bijna alles fout wat je fout kon doen. Ik droeg de verkeerde kleren en schoenen. Ik liep te korte afstanden. En ik rende veel te langzaam.

Pas toen ik eens met een expert sprak over mijn vooruitgang, kwam ik erachter dat ik veel betere resultaten zou behalen als ik een paar simpele dingen zou aanpassen. Stapje voor stapje heb ik geleerd welke manier van trainen het best bij mij past.

Ook al heb je van tevoren nog zo goed nagedacht over de veranderingen of verbeteringen die je wilt, uiteindelijk blijft alles een experiment. Door je veranderpoging ook zo te zien, maak je het bovendien allemaal wat minder zwaar. Of je nu wilt afvallen, een nieuwe baan wilt, een partner zoekt of gaat sporten, het is een leerproces. Je eerste pogingen zullen altijd wat onhandiger zijn dan de dingen die je doet als je wat meer ervaring hebt.

Vergelijk het maar met blikgooien op een kinderfeestje. Niemand gooit in één keer raak. De eerste bal gooi je vaak alleen maar om te bepalen hoever je ernaast zit. Zorg dus dat je genoeg ballen hebt. Begin daarom snel met experimenteren. Wacht niet totdat je dit boek hebt gelezen met in actie komen (ik verdenk sommige mensen ervan dat ze het ene zelfhulpboek na het andere lezen, om in het echt maar niets te hoeven doen). Probeer tijdens het lezen van dit boek al dingen uit.

Totdat je weet wat je wilt en wat je daarvoor gaat doen, zie je de kansen niet

Kies gedrag uit waarvan je denkt dat het zou kunnen helpen en houd nauwkeurig in de gaten of het werkt. Het is vaak nuttig om daarbij vooraf een termijn voor evaluatie te bepalen. Bijvoorbeeld: 'Als ik na twee maanden geen verbetering merk, overleg ik met een expert in mijn omgeving en stel ik mijn aanpak bij.'

Het focus-effect

Als je weet wat je wilt en wat je gaat doen, treedt er direct een merkwaardig effect in werking. Je zult vanaf de eerste dag allerlei kansen gaan waarnemen in het dagelijks leven om je voornemen ook werkelijk gestalte te geven. Dat is geen magie. Die kansen zijn er altijd. Maar totdat je weet wat je *wilt* en wat je daarvoor gaat *doen*, neem je ze domweg niet waar.

Onze aandacht is beperkt en wordt door ons brein in de richting gestuurd van die zaken die betekenis voor ons hebben. Door doelen en gedragingen nauwkeurig te omschrijven en belangrijk te maken, focussen onze hersenen automatisch op dingen die daarmee te maken hebben.

Toen ik een tijdje geleden had beloofd om voor het eerst een training in het Duits te verzorgen, bleken opeens enkele Limburgse vrienden die taal goed te spreken. Van tevoren had ik me dat nooit afgevraagd. En een docent met wie ik samenwerkte bleek van geboorte een Duitssprekende Zwitser te zijn. Natuurlijk was het mij wel eens opgevallen dat hij een vreemde achternaam had en met een accent sprak. Maar tot die tijd had ik er geen aandacht aan besteed. Deze mensen hebben mij in twee weken geholpen om mijn Duits weer naar een acceptabel niveau te brengen.

Er wordt wel eens gezegd: ‘Je wordt waar je regelmatig aan denkt.’ Dat is een wat sterke uitspraak. Maar er zit een kern van waarheid in.

Positieve én negatieve overtuigingen hebben de neiging zichzelf te versterken. Logisch. Wie een positieve kijk op de wereld heeft, ziet meer mogelijkheden voor positieve activiteiten en doet – op z’n minst in zijn of haar beleving – meer positieve ervaringen op. Bij mensen met een negatieve blik op de wereld werkt dat precies andersom.

- Dromen zullen alleen uitkomen als je ze vertaalt naar concreet gedrag: meetbaar, actief en persoonlijk (M.A.P.).
- Belangrijk is dat je altijd start met gedrag waarvan je weet: dat kán ik. Je kunt veranderen zien als een trap op lopen. Begin met de tree die binnen je bereik ligt.
- Als je je doelen en het bijbehorende gedrag concreet formuleert, ga je meer kansen zien. Die kansen zijn er altijd, maar je ziet ze pas als ze betekenis voor je krijgen.

'Ik dacht: dat afstuderen komt niet meer'

Irene was 23 en studeerde antropologie toen ze zwanger werd. Een tijdlang combineerde ze vervolgens het moederschap, haar studie, werken in een restaurant en werken op kantoor. Maar van afstuderen kwam het niet. Inmiddels groeide het werk op kantoor uit tot een serieuze baan, was ze 30 geworden, moeder van twee kinderen en zwanger van haar derde. 'Ik dacht toen: ik ga gewoon werken, dat afstuderen komt niet meer.'

'Zo ging het een paar jaar. En steeds dacht ik: ik heb een baan, ik hoef niet meer af te studeren. Hiermee suste ik mezelf als het ware in slaap.
Maar ondertussen bleven anderen vragen wat voor opleiding ik had gevolgd en dan moest ik toch weer vertellen dat ik die niet had afgemaakt. Dat voelde rot.'
Het probleem werd voor Irene steeds groter. 'Ik maakte mezelf wijs dat ik het heus wel kon, maar gewoon niet had gedaan. Ondertussen werd ik steeds minder zeker en vroeg ik me af of ik het inderdaad zou kunnen.
Ik was erg vatbaar voor de vragen en opmerkingen van anderen. Er zijn heel veel mensen die niet zijn afgestudeerd en dit prima vinden. Maar ik vond het wél uitmaken.'

Tien jaar nadat ze min of meer was gestopt, pakte Irene daarom de draad van haar studie weer op. En niet halfslachtig, maar met een duidelijk plan en een deadline. 'Voor m'n 35e, dat was binnen twee jaar, wilde ik klaar zijn. Ik had een heel strak schema gemaakt. Eerst zou ik een paar colleges volgen om er weer in te komen en ik had besloten om vrij te nemen van mijn werk als ik mijn scriptie moest schrijven.'

'Voor m'n vijfendertigste, binnen twee jaar, wilde ik klaar zijn'

Een belangrijke motivator bleek haar begeleider aan de universiteit. 'Toen ik hem vroeg: denk je dat ik het kan, was zijn reactie: natuurlijk kun je het! Ik dacht: als hij het zegt, dan zal het wel zo zijn. Ik haalde daar een heel idiote motivatie uit. Maar het werkte wel. Ik wilde het ook voor hem waarmaken.'

Om werk, studie en gezin te combineren, maakte ze duidelijke afspraken. Aan haar man had ze gevraagd om haar te helpen en tijdelijk meer zorgtaken op zich te nemen. Met haar werkgever sprak ze af om vier uur per week minder te gaan werken, waardoor ze colleges kon volgen.
'Omdat ik weinig tijd had, gebruikte ik die ook echt. De tijd die ik had, waardeerde ik veel meer. Voor mijn scriptie heb ik drie maanden verlof genomen. Dat was in de zomervakantie.
Man en kinderen zaten die maanden op een camping en ik zat alleen thuis in Amsterdam. Af en toe voelde ik me erg zielig. Maar ik ben gelukkig vrij gedisciplineerd en als ik besluit dat ik iets ga doen, dan doe ik het ook.'

Het schrijven van de scriptie was uiteindelijk het moeilijkst. 'In het begin vond ik het afgrijselijk, ik had nog geen idee waar het moest eindigen. Gaandeweg ontdekte ik dat ik het best wist en kon, en dat was een heel mooie ervaring.
Ik heb doorgezet omdat ik wilde dat het heel goed werd. En toch was ik op het eind bang dat het helemaal mislukt was. Ik bleef onzeker over het resultaat.
Dat ik uiteindelijk een negen heb gehaald maakt me dan ook wel erg trots. Achteraf is het allemaal zeker de moeite waard geweest!'

> Als je weet dat het moeilijk wordt om iets door te zetten, bereid je dan extra goed voor. Vermijd te veel afleiding en zorg dat je je echt kunt focussen op de verandering die je wilt.
> Veel mogelijke complicaties in een verandertraject kun je vooraf aanwijzen en van tevoren dus ook van een oplossing voorzien.
> Zoek mensen die in je geloven en die je willen helpen bij belangrijke veranderingen. Dat motiveert enorm.

7

Durven: crisismomenten vooraf kennen

- **Waar ik als drummer zenuwachtig van word**
- **Hoe bepaal je vooraf je crisismomenten?**
- **Hoe stress en uitputting tot terugval leiden**

Ik ben geen groot muzikant, maar al vanaf de basisschool speel ik drums. Met heel veel plezier. Nog altijd vind ik het heerlijk om achter mijn drumstel te klimmen en een paar nummers te spelen. Rock, jazz, funk... Als ik tien minuten tekeerga, voel ik me bovendien weer helemaal fit en opgeladen.

Heel vroeger speelde ik ook weleens in een bandje. Als drummer in een muziekgroep heb je – om het heel simpel samen te vatten – twee belangrijke taken. Je moet allereerst een strak ritme neerzetten waar de andere muzikanten op kunnen aansluiten. Dat is niet makkelijk, maar met een beetje oefening kan iedereen dat leren.

Daarnaast mag je af en toe ook iets ingewikkelds doen: een 'break' noem je dat. Met een knappe roffel en wat slagen op de bekkens luid je het volgende deel van een liedje in. Aan deze breaks kun je meestal horen of je met een echt goede drummer te maken hebt.

Je kunt je wel voorstellen waar de meeste drummers het zenuwachtigst van worden als ze moeten optreden. Ik was altijd het meest nerveus voor zo'n ingewikkelde break, waarbij je zeker wist dat iedereen precies zou horen wanneer je een fout maakte.

Dus... wanneer je oefent als drummer, oefen je vooral heel goed die complexe stukken. Logisch. Je speelt ze tientallen, soms honderden keren. Je oefent ze net zolang totdat ze vanzelf gaan en je er helemaal zeker van bent dat je de show steelt als je ze speelt.

Het grappige is dat dit ervoor zorgt dat je tijdens een optreden eigenlijk niet kunt wachten totdat je mag laten zien hoe goed je die ene complexe break kunt spelen. Je hebt niet alleen je drumpartij geoefend, maar tegelijk ook je zelfvertrouwen getraind.

Waarom mensen terugvallen

Het verhaal over mijn ervaringen als drummer is natuurlijk niet zo opzienbarend, maar het bevat wel een paar heldere lessen voor iedereen die een prestatie wil neerzetten.

Het eerste wat ik eruit haal is dat iedere prestatie z'n 'moment van de waarheid' kent, als het er echt op aankomt. Meestal zijn dat de momenten waar je knap zenuwachtig voor bent.

Het tweede wat ik eruit haal is dat talent alleen niet genoeg is. Ook zeer goede muzikanten die tien keer meer aanleg hebben dan ik, bereiden zich grondig voor op de moeilijkste passages in elk stuk dat ze willen spelen.

En het derde is dat zo'n voorbereiding een dubbel effect heeft. Je hebt niet alleen je handen getraind om een bepaald gedeelte goed te spelen, je hebt ook je geest getraind. Niet alleen je vaardigheid, maar ook je durf krijgt een oppepper.

Niet alleen je vaardigheid, maar ook je durf krijgt een oppepper

Tegelijkertijd begrijp je nu misschien ook iets beter waarom zoveel mensen het vaak niet redden om een verandering te realiseren.

- Ze bestuderen de moeilijke stukken in hun ontwikkel- of verander-traject niet vooraf. Zodat de crisismomenten onverwachts toeslaan. En/of:
- Ze vertrouwen er iets te veel op dat ze het wel zullen redden als het onderweg eens tegenzit. Ze realiseren zich niet dat crisismomenten tijdens een verandering bijna altijd leiden tot stress en (oud) automatisch gedrag. En/of:
- Ze missen – doordat ze zich niet hebben voorbereid – de vaardigheden en de durf om door te zetten op de moeilijke momenten.

Misschien klinken bovenstaande constateringen je wat hard in de oren. Maar als ik eerlijk ben, weet ik dat het bij mislukte veranderpogingen van mijzelf op deze manier is gegaan.

De keren dat ik ben teruggevallen in oude, ineffectieve gewoontes, terwijl ik soms nog maar nét, vaak vol optimisme begonnen was met een verandering, kwam dat *altijd* doordat ik verzeild raakte in moeilijke situaties waarop ik me niet had voorbereid.

- Inmiddels ben ik al jaren gestopt met roken, maar bij alle mislukte stoppogingen in het verleden viel ik terug op momenten van extreme stress.
- Sinds een paar jaar sport ik zeer regelmatig. Maar alle pogingen

daarvoor om meer aan beweging te doen, strandden tijdens periodes van grote werkdruk en 'geen tijd' voor een halfuurtje sporten in de week.

Ik noemde het al in hoofdstuk 1: uiteindelijk blijkt ruim 80% van alle mensen die begint aan een verandering binnen twee jaar weer terug te vallen in oude gewoontes. En dat terugvallen doen ze niet op zomaar een doordeweekse dag, gewoon omdat ze er zin in hebben, maar op crisismomenten, waarvan ze achteraf bijna allemaal zeggen: 'Ik had het kunnen weten. Als ik toen had doorgezet, had het er nu misschien heel anders uitgezien.'

Momenten van de waarheid

Jaren geleden zag ik de bijzondere film *Sliding Doors*. Helen, de hoofdpersoon in het verhaal, is een jonge werkende vrouw die ontslagen wordt en daarop terugkeert naar huis. Onderweg haalt ze nog nét de metro. De schuifdeuren sluiten vlak achter haar. Doordat ze eerder thuiskomt, ontdekt ze dat haar vriend niet aan het werk is, maar in bed ligt met zijn ex-vriendin. Ze verlaat de bedrieger en wordt een tijdje later gelukkig met een andere man die ook nog eens veel aardiger is.

Het leuke van de film is dat er tegelijkertijd een tweede verhaal begint: het verhaal zoals het gegaan zou zijn als de schuifdeuren net wat eerder gesloten waren en Helen de metro had gemist. In dat verhaal wordt ze beroofd op het lege metroperron en komt ze na een ziekenhuisbezoek thuis, terwijl haar vriend staat te douchen en zijn ex alweer naar huis is.

Hoewel hij niet veel anders uitvoert dan het bedriegen van

Helen, beweert hij dat hij een boek aan het schrijven is. Om hem te helpen bij zijn streven om schrijver te worden, neemt Helen twee banen en wordt ze knap ongelukkig.

Wat iedereen met enige levenservaring weet, en wat deze film op een mooie manier laat zien, is dat sommige momenten een cruciale rol in je leven spelen. Het zijn de momenten waarop je soms actieve keuzes maakt (maar soms ook domweg passief reageert op de dingen die je overkomen), waardoor het hele verdere verloop van je levensgeschiedenis een andere draai kan krijgen.

Het vervelende is dat we ons vaak pas achteraf realiseren dat we zo'n moment meegemaakt hebben.

Stel je voor wat het zou betekenen als we ons actief zouden kunnen voorbereiden op dit soort momenten van de waarheid.

Natuurlijk, in ons dagelijks leven is het onmogelijk om alles te plannen en te managen. Maar het leuke van geplande veranderingen en persoonlijke ontwikkeling, waarover het in dit boek gaat, is dat je deze momenten van de waarheid van tevoren vaak prima kunt aanwijzen.

Als je werkt aan een belangrijke verandering in je leven, is het logisch om hier tijd en energie in te steken.

Alle begin is moeilijk

In dit hoofdstuk proberen we te bepalen met welke terugvalsituaties jij te maken kunt krijgen in de verandering die je zelf wilt. In het hoofdstuk hierna maak je kennis met een aantal krachtige technieken die je gaan helpen om toch door te zetten.

Je weet misschien wel dat het goed is om aan je verandering te werken, maar zo voelt het nog niet

Misschien verbaast het je, misschien ook niet, maar heel veel mensen die iets willen veranderen, vallen meteen in het begin al terug.

Oude gewoontes achterlaten en nieuwe dingen doen, het leidt vooral in het begin vaak tot gevoelens van onzekerheid. Ik noem dat de 'begindip'. Je weet misschien wel dat het goed is om aan je verandering te werken, maar zo voelt het nog niet. Ook andere mensen zullen aan je nieuwe gedrag moeten wennen. En zelf zie je vaak nog lang geen resultaten.

Omdat oude gewoontes in de regel wel tot een goed gevoel leiden, is de kans dat we meteen in het begin al terugvallen erg groot.

Een tijdje geleden leverde ik een bijdrage aan een training voor medewerkers van garagebedrijven. Wat de rest van de wereld al wat langer wist, hadden deze mensen nu ook zelf ontdekt: ze waren niet klantvriendelijk genoeg. Vooral de chef-monteurs die de klanten te woord moesten staan, scoorden in alle onderzoeken bedroevend lage rapportcijfers.

In verschillende workshoprondes bedachten deze medewerkers (vooral mannen, gemiddeld rond de 40 à 50 jaar oud) wat ze zouden kunnen doen. Zo wilden ze voortaan, binnen tien seconden, de klant vriendelijk groeten en vragen waarmee zij of hij geholpen kon worden.

Vervolgens werd ze gevraagd welke problemen ze daarbij voorzagen. Eerst was er enige schroom; ze zaten er tenslotte met collega's. Maar uiteindelijk had een van hen de moed om het te vertellen. 'Als we komende maandag op de zaak voor het eerst zo met onze klanten gaan praten, dan ben ik bang dat mijn collega's allemaal achter de deur staan mee te luisteren. Dat bij mij het zweet over de rug loopt en dat zij intussen allemaal denken: moet je die slijmbal eens horen!'

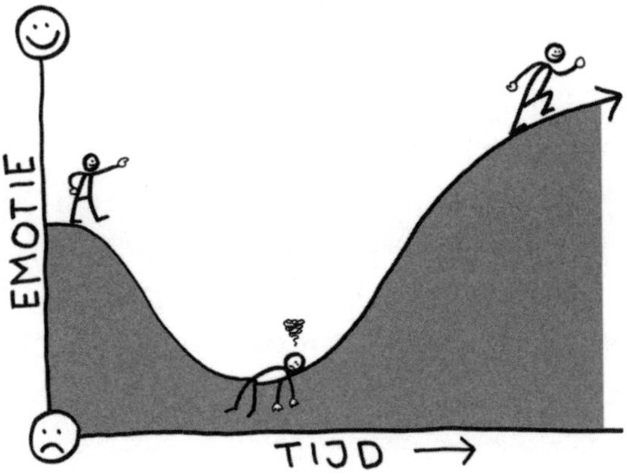

De begindip. Juist aan het begin van een verandering voelen we ons vaak onzeker en gefrustreerd...

Typische terugvalsituaties

De crisissituaties in het begin van onze verandering en de stressmomenten die later optreden, hebben één ding met elkaar gemeen. Ze bevatten allerlei prikkels waarmee onze oude automatismen, die we juist willen overwinnen, heel krachtig opnieuw geactiveerd worden.

Terwijl jij bewust en gepland probeert je leven in een andere richting te leiden, zorgen zulke situaties ervoor dat er stevig op de knoppen van onze jukebox wordt gedrukt om opnieuw die oude hit van vroeger te horen.

Een paar voorbeelden:

- Je wilt voortaan vriendelijker en geduldiger zijn tegenover je partner. Maar als je iets doms doet, krijg je – volgens jou natuurlijk onterecht – de wind van voren.
- Je wilt voortaan meer begrip tonen voor de mensen om je heen en je drift in toom houden. Maar op de fiets word je gesneden door een jonge automobilist in een twintig jaar oude auto met sportuitlaat.
- Je wilt gezonder leven en geen fastfood meer eten. Maar deze week heeft je jongste kind een feestje en de tafel staat vol met taart, poffertjes, chocolade en frites.
- Je bent een dag per week minder gaan werken, maar nu krijgt het bedrijf waar je werkt een grote order en is het even alle hens aan dek. Ook op jou wordt een beroep gedaan.

Vier dingen die ik zelf allemaal heb meegemaakt. Ik heb door schade en schande geleerd dat het je alleen lukt om je voornemens ook werkelijk in de praktijk te brengen, als je je voorbereidt op dit soort situaties. En als beloofd: in het volgende hoofdstuk beschrijf ik hoe je dat doet.

Het mooie is dat we uitgerust zijn met een mechanisme om dit soort situaties van tevoren te spotten. Het zijn namelijk die dingen die ons vooraf al zenuwachtig maken of ons zelfs ronduit angst inboezemen.

Het is gezond om af en toe bang te zijn. Als er niets was waar we bang voor waren, dan zouden we niet lang overleven. En angst kan je ook helpen om díe situaties aan te wijzen waar het erop aankomt. Die situaties waarin je durf moet tonen. Waarin je letterlijk je angsten moet overwinnen.

Onverwachte crisissituaties

Alle begin is moeilijk. Dat weten we nu. En door bij onze zenuwen en angst te rade te gaan, kunnen we vooraf ook een paar andere 'momenten van de waarheid' aanwijzen in onze verandering.

Maar, zul je misschien denken, ik kan toch onmogelijk vooraf alle beproevingen voorzien? Het lukt toch nooit om je voor te bereiden op werkelijk alles wat er mis kan gaan? Op een slechte dag doet zich die volkomen onverwachte crisis voor en ga ik alsnog voor de bijl!

Ja en nee. Ja, er zullen zich onverwachte crisissituaties voordoen. En nee, dat hoeft niet per se te betekenen dat je onderuitgaat en terugvalt in de oude gewoontes waar je juist vanaf wilt.

Het is heel goed mogelijk om je te wapenen tegen onverwachte gebeurtenissen en situaties. Eén ding weet je namelijk zeker: er zullen onverwachte dingen gebeuren. En het kan ook voorkomen dat allerlei crisismomenten die je vooraf in kaart hebt gebracht, onverwacht veel moeilijker uitpakken dan je dacht.

Ik raad je daarom aan om in het volgende hoofdstuk in ieder geval een remedie te kiezen die speciaal bedoeld is voor onverwachte crisissituaties. Of verwachte crisissituaties die onverwacht moeilijk uitpakken.

Zie het als een soort EHBO-kit in je hoofd. Als zich onverwachts een ongeluk voordoet, ben jij er klaar voor.

Stress en uitputting

Soms hoor je wel eens mensen zeggen dat ze het best presteren onder enige druk. Ik herken dat wel. Ik kan misschien wel een goede column of een leuk artikel schrijven zonder deadline, maar mét een deadline gaat het beter.

Aan de andere kant geldt dat te hoge druk juist onze prestaties ondermijnt. Wanneer ik een column moet schrijven in een kwartier, terwijl het doorgaans minimaal een uur kost, dan heb ik een probleem.

Situaties die tot een hoge druk leiden, die veel stress veroorzaken, zorgen er in de regel voor dat we ons minder goed herinneren wat we ons hadden voorgenomen, dat we minder creatief zijn in het zoeken naar nieuwe mogelijkheden en dus terugvallen op oude automatismen. Vaak juist op die automatismen waar we vanaf wilden komen.

Bovendien blijkt stress zichzelf te versterken. Denk maar eens terug aan hoe je laatste ruzie verliep. Waarschijnlijk kwam je in een situatie terecht waarin je onder hoge druk stond. Je moest je enorm haasten voor een afspraak. Of iemand zei iets wat jij vervelend vond. Of beide (dat werkt nog beter).

Dit zorgde voor de aanmaak van stresshormonen in je lijf, waardoor jij op jouw beurt ook iets vervelends terugzei. En dat maakte de situatie nog meer gespannen, waardoor bij jou (en bij de ander) nog meer stresshormonen werden aangemaakt. En vervolgens kreeg je een knallende ruzie en wist je op een gegeven moment

> **Vervolgens kreeg je een knallende ruzie en vroeg je je af waarom het altijd zo moet**

niet meer wat je zei en vroeg je je na afloop waarschijnlijk af waarom het nou toch altijd zo moet (dit verhaaltje is overigens het antwoord op die vraag).

Met name situaties waarin we onder druk staan of situaties waarin we gewoon erg moe zijn, ons uitgeput voelen na een lange dag ploeteren, zijn typische terugvalsituaties. In die situaties hebben we geen lol meer in onze goede voornemens en ervaren we alleen maar de pijn die veranderen met zich meebrengt.

Anticiperen helpt echt

De Duitse onderzoeker Peter Gollwitzer heeft zich jarenlang verdiept in de effecten die het anticiperen op crisismomenten heeft. Het bleek dat het vooraf verzinnen van eenvoudige plannetjes om toch door te zetten in probleemsituaties onze kansen op succes enorm vergroot.

Een voorbeeld van zo'n onderzoek: vlak voor de kerstvakantie vroeg Gollwitzer zijn studenten om binnen 48 uur na kerstavond een werkstuk in te leveren over de manier waarop zij deze avond hadden doorgebracht. Hij vertelde ze dat hij onderzoek deed naar de manier waarop studenten in Duitsland hun vrije tijd doorbrachten.

De eerste groep van studenten kreeg alleen deze opdracht mee. Gollwitzer wenste ze waarschijnlijk veel succes en 'Fröhliche Weihnachten' toe en stuurde ze weg.

De tweede groep studenten kreeg dezelfde opdracht, maar werd óók gevraagd vooraf op te schrijven waar en wanneer ze hun rapport zouden schrijven. Want, zo was de gedachte bij Gollwitzer, de kerstperiode is in de regel niet bevorderlijk voor het schrijven van werkstukken. Gezelligheid, familiebezoeken en andere uitstapjes maken het moeilijk om ook nog wat werk te verzetten in deze dagen.

De resultaten waren opmerkelijk. Van de groep studenten die niet had nagedacht over hoe ze het werkstuk zouden maken in deze moeilijke periode, stuurde 33% binnen de gestelde tijd een verslag.

Van de groep studenten die wél bewust vooraf een plan had gemaakt om het werkstuk toch af te krijgen, stuurde 75% binnen de tijd zijn verslag aan Gollwitzer.

De andere onderzoeken die Gollwitzer en zijn medewerkers hebben gedaan, laten vergelijkbare resultaten zien. Het voorbereiden van moeilijke momenten verhoogt de kans op een succesvolle uitvoering van je voornemens met een factor twee tot drie. De kunst is om een plan te maken waarbij je zegt: *als*... die moeilijke situatie optreedt, *dan*... neem ik de volgende maatregel om dat moment de baas te blijven. Het volgende hoofdstuk is helemaal aan gewijd aan hoe je dat doet.

- Mensen vallen niet ‘zomaar’ terug in oud gedrag. Dat gebeurt op crisismomenten die ze vaak al lang van tevoren zien aankomen.
- Stress en uitputting zijn factoren die vaak zorgen voor terugval in oude, ineffectieve gewoontes. Vaak al meteen aan het begin van een verandering.
- Actief anticiperen op crisismomenten blijkt zeer effectief te zijn. De kans op doorzetten neemt hierdoor toe met een factor twee tot drie.

'Ik was de controle over mijn agenda helemaal kwijt'

Twee jaar geleden werd **Henk (31)** mede-eigenaar van een adviesbureau na jaren als zelfstandige te hebben gewerkt. 'De eerste maanden heb ik het heel moeilijk gehad. Ik runde bijna twee bedrijven naast elkaar omdat oude klanten mij vaak nog belden. Ook voelde ik me erg jong voor wat ik ging doen. Ik wist dat de mensen die hier werken naar me keken als een voorbeeld en dat kon ik gewoon niet zijn.'

'Ook had ik het gevoel dat ik geleefd werd door mijn agenda. Het gevoel dat ik zelf niet meer kon sturen.
In het begin kon ik nog wel relativeren, maar op een gegeven moment werd de druk te groot. Privé gebeurde er ook van alles en ik had nergens rust. Ik voelde me gestrest en redelijk hopeloos.'

Henk is zijn problemen gaan bespreken met een vriend tijdens het hardlopen.
'Op een gegeven moment stelde hij mij de vraag of ik terug kon denken aan iets wat ik voor elkaar heb gekregen, iets wat ik als mijn succes zag. We kwamen toen al pratende op het feit dat ik gestopt ben met roken. Ik rookte twee pakjes per dag, was zwaar verslaafd en ben met behulp van een cursus gestopt. Dat was een enorme strijd.
Hierdoor realiseerde ik me dat een veranderingsproces een strijd is en niet van de ene op de andere dag klaar is. Dat is echt het moment geweest dat ik besefte dat ik kón veranderen en het gewoon moest gaan doen.'

'Ik ben op mijn werk afspraken gaan maken om weer controle te krijgen. De belangrijkste afspraak is dat er voor halftien niets in de agenda staat, zodat ik eerst de dag kan overzien, e-mail kan lezen en urgente telefoontjes kan doen. Anders sleep je dat de hele dag met je mee. Ook het rustig afsluiten van de dag is van belang. Ik merkte meteen dat je echt moet vasthouden aan deze afspraken. Voor jezelf en voor anderen. Anders val je makkelijk terug.'

'Ik voelde me gestrest en redelijk hopeloos'

'Daarnaast ben ik vooral enorm gaan knokken. Als ik zag dat dingen niet werkten, ben ik meteen naar een oplossing gaan zoeken. De gesprekken tijdens het hardlopen hebben me erg geholpen. Ik had een enorme drive en nieuwe energie gekregen. Ik zag dat het werkte en dat motiveert om verder te gaan.'

Het moeilijkste moment kwam in de zomer. 'Ik kwam terug van vakantie en ben het wekenlang helemaal kwijt geweest. Ik had veel extra werk, allerlei overleggen en merkte dat mijn positie aan het veranderen was. Mensen zagen me steeds meer als mede-eigenaar. Ik was de controle over mijn agenda weer helemaal kwijt en had het gevoel dat ik nergens aan toe kwam. Dat was een heel eng gevoel.
Ik ben toen veel gaan praten met twee bewust gekozen mensen en weer gaan focussen op dat moment dat ik gestopt ben met roken. Ik haalde voor mezelf terug hoe rot die periode was en hoe groot toen de verleiding was om te roken. Maar óók hoe blij ik was dat ik het heb volgehouden.
En ik ben me weer bewust aan mijn afspraken gaan houden. De belangrijkste regel blijft: de dag rustig beginnen en de dag rustig eindigen.'

'Drie weken geleden was het weer even heel druk en toen merkte ik dat ik niet in paniek raakte. Ik dacht: nou ja, dan is het maar een drukke week. Als het nu te veel wordt, ga ik ook heel bewust op zoek naar iemand om mee te praten.
Eigenlijk heb ik in een heel korte periode heel veel kunnen veranderen. Ik heb enorm veel geleerd en het geeft me een enorme kick dat het gelukt is!'

> Creëer voldoende ruimte en overzicht als je zaken wilt veranderen. Stress en uitputting kunnen er makkelijk voor zorgen dat je terugvalt in oude, ineffectieve gewoontes.
> Herinner jezelf aan eigen succesmomenten: momenten waarop je een prestatie hebt geleverd waaraan je nu nog een trots gevoel ontleent.
> Zoek actief naar mensen met wie je goed kunt praten. Bespreek de problemen en mogelijke oplossingen. Vaak ontwikkel je daardoor zelf nieuwe inzichten.

8

Durven: moeilijke momenten de baas

- **Welke technieken helpen op moeilijke momenten?**
- **Het belang van het inschakelen van hulptroepen**
- **Geen tijd voor verandering? Een paar praktische tips!**

Op mijn website heb ik geëxperimenteerd met een verandertest die bezoekers konden doen. In de test – die je ook achter in dit boek vindt – gaat het om de vraag op welke manier je zelf meestal veranderingen aanpakt. Of je vooraf je wensen naar gedrag vertaalt, of je anticipeert op probleemsituaties, enzovoort. Op basis van je antwoorden krijg je te horen of je een goede of een matige veranderaar bent.

Een paar jaar geleden, nadat meer dan vijfduizend mensen de test hadden gemaakt, heb ik een analyse gemaakt van de antwoorden. Wat mij opviel, was dat er bij het onderwerp van dit hoofdstuk een belangrijk breekpunt lag.

De meeste mensen antwoordden namelijk dat ze *wel* vooraf de lastige momenten konden aanwijzen, maar dat ze *niet* vooraf manieren bedachten om toch door te zetten. Ze wisten wel waar het mis zou lopen, maar deden verder niets met die kennis.

Tja. Dat is natuurlijk niet zo handig. Jezelf wél bang maken voor allerlei crisissituaties die je verandering gaan bemoeilijken, maar niet formuleren hoe je tóch kunt doorzetten.

Ik vermoed dat veel mensen hierdoor vaak niet eens beginnen aan een verandertraject. Het vooraf bedenken van crisissituaties doet ze bij voorbaat al de moed in de schoenen zinken.

Misschien heeft het ermee te maken dat veel mensen eigenlijk niet goed begrijpen hoe hun gedrag werkt en hoe ze hier sturing aan kunnen geven. Daarnaast geldt dat elke stap in dit boek ook een test is voor de motivatie. Hoewel de technieken in dit boek bedoeld zijn om veranderingen makkelijker en effectiever te laten verlopen, kosten ze zelf ook allemaal wat energie.

Eerst moet je er moeite voor doen om over de technieken te lezen en ze te begrijpen. En vervolgens kost het je aandacht, energie en tijd om ze ook nog echt toe te passen. Dat is de minimale investering die nodig is als je iets wilt veranderen in je leven.

Drie technieken die werken

Welke technieken helpen ons om door te zetten op deze crisismomenten? Hoe voorkomen we terugval?

Veel mensen denken dat je er met voldoende wilskracht wel komt. 'Je moet het echt willen,' wordt er dan gezegd. Klinkt mooi, maar in echte crisissituaties gaat dat niet op. Dit soort situaties levert namelijk per definitie grote stress op. Er wordt druk op ons uitgeoefend door gebeurtenissen en door mensen in onze directe omgeving. En onder grote stress valt de bewuste sturing uit en handelen we op de automatische piloot.

Wat misschien nog wel het vervelendste is: áls je op dit soort momenten probeert om met wilskracht je geplande langetermijnbelangen een overwinning te bezorgen op je automatische kortetermijnbelangen, dan neemt de stress alleen maar verder toe. Een neerwaartse spiraal waarbij je oude automatismen het uiteindelijk winnen.

Een ander advies dat je wel eens hoort is: vermijd de situaties die tot terugval kunnen leiden. Dit is al wat verstandiger, maar op de lange termijn niet houdbaar. Ooit zul je als ex-roker weer de confrontatie aan moeten met vrienden die nog wél roken. Ooit zul je als ex-snoeper weer langs de kassakoopjes in de supermarkt moeten.

Maar ik geef toe: in het begin kan het verstandig zijn om juist die prikkels die voor terugval kunnen zorgen te vermijden. Het is bijvoorbeeld slim om veranderingen in gang te zetten op momenten waarop je met minder stress te maken hebt. Bijvoorbeeld tijdens een wat langere vakantie (pas op: de eerste vakantiedagen zijn voor veel mensen juist érg stressvol). Maar realiseer je dat je ooit de confrontatie met de rauwe werkelijkheid aan moet gaan.

Wat blijft er dan over?

Je kunt de situatie naar je hand zetten door extra prikkels aan crisismomenten toe te voegen. Prikkels die je helpen je voorgenomen gedrag vol te houden.

Je zou kunnen zeggen dat we opzettelijk nog een paar andere knoppen op de jukebox indrukken op de momenten dat het erop aankomt.

We kunnen onszelf trainen om op moeilijke momenten actief ánder gedrag te starten

En dat doen we in de vorm van *geheugensteuntjes* (techniek nummer één: prikkels meteen voorafgaand aan gedrag) en *beloningen* (techniek nummer twee: prikkels meteen volgend op gedrag).

Voorbeeld: je wilt vaker nee zeggen tegen bepaalde verzoeken op je werk. Herinner jezelf er dan regelmatig aan (bijvoorbeeld door een herinnering in je telefoon te zetten) en beloon jezelf als je daadwerkelijk nee hebt gezegd (doe iets of zeg iets tegen jezelf wat je echt heel erg leuk vindt).

Daarnaast kunnen we onszelf trainen om op moeilijke momenten actief ánder gedrag te starten dat ons helpt om onze voornemens uit te voeren. Dit wordt *countering* genoemd (techniek nummer drie).

Een krachtig voorbeeld van countering is het nemen van een time-out. In plaats van meteen te reageren op opmerkingen van anderen, neem je een korte pauze. Daarmee leid je actief je aandacht in een andere richting. Je neemt bijvoorbeeld één minuut de tijd om je doelen nog eens op een rijtje te zetten. Als de eerste frustratie of verleiding eenmaal wat verminderd is, wordt het veel makkelijker om vast te houden aan je voornemens.

Countering is iets wat je vooraf moet trainen. Als je van tevoren in je hoofd of hardop hebt geoefend met het nemen van een time-out op het uur van de waarheid, zal het toepassen ervan op echte stressmomenten je veel makkelijker afgaan.

Techniek 1: geheugensteuntjes om meer te durven

Om jezelf op moeilijke momenten aan belangrijke voornemens

te herinneren, is werkelijk alles toegestaan. Ik geef je een aantal suggesties...

- Je agenda is een goede plek om jezelf dagelijks te herinneren aan de doelen die je hebt gekozen en je concrete gedragsvoornemens. Als je een papieren agenda gebruikt, maak dan een kaartje dat je telkens meeverhuist naar de week waarin we leven. Met de agenda op je computer of je telefoon is dit nog gemakkelijker. Je kunt eenvoudig dagelijkse, wekelijkse of maandelijkse geheugensteuntjes invoeren.
- Ook zijn er allerlei websites en apps waarmee je jezelf kunt herinneren aan je doelen en voornemens. Google op 'gewoontes' of 'habits' en op 'app' en je krijgt een actueel overzicht van de populairste tools.
- Plak stickers met geheugensteuntjes op plaatsen waar je die nodig hebt. Bijvoorbeeld op je computer, op de tv of op andere plekken die je in verleiding brengen om dingen te doen die je niet wilt. Een briefje op de koelkast, of erin, met de tekst: ZOU JE DAT NOU WEL DOEN? Of een plakkertje op het dashboard van je auto met: GEDULD. ZE RIJDEN ONBEWUST, AUTOMATISCH, WEET JE NOG?
- Neem in je portemonnee een briefje mee voor het moment dat je in 'de onverwachte situatie' belandt. Schrijf daarop je diepste persoonlijke reden voor de verandering waar je aan werkt.
- Maak een armbandje (of laat er een maken) dat je herinnert aan je doelen en je voornemens.
- Stel je de moeilijke momenten vooraf zo levendig mogelijk voor. Kies vervolgens binnen die momenten dingen die je als 'trigger' gaat gebruiken voor je eigen voornemen: 'Als dát gebeurt, als zij dát doet, dan doe ik wat ik me heb voorgenomen.'

Als je anderen niet vertelt over je verandering, maak je het jezelf wel erg moeilijk

Daarnaast is het handig om afspraken te maken met mensen om je heen. Vraag ze om je te helpen bij de verandering die je wilt realiseren. Als je de mensen die je dierbaar zijn niet op de hoogte stelt van de verandering die jij wilt, maak je het jezelf wel erg moeilijk.

Andere mensen met wie je veel contact hebt, hebben per definitie een grote invloed op je gedrag. Die invloed kan positief of negatief zijn. Door afspraken te maken, kun je die invloed in de juiste richting laten werken.

- Spreek met je partner af dat je elkaar in lastige situaties herinnert aan een specifiek voornemen, bijvoorbeeld met een bepaald teken.
- Spreek met collega's af dat je elkaar ondersteunt in een bepaalde verandering. Bijvoorbeeld door er wekelijks tijdens een lunch samen over te praten.

Enkele praktische tips bij het gebruik van geheugensteuntjes:

- Gebruik woorden en tekens met een emotionele betekenis. Zet bijvoorbeeld je eigen naam boven aan je herinneringsbriefjes. Je zult er gegarandeerd vaker naar kijken.
- Varieer regelmatig. Als je gewend bent aan een bepaald geheugensteuntje werkt het niet meer en wordt het tijd voor een andere prikkel.

Techniek 2: beloningen om meer te durven

In het hoofdstuk hierna ga ik nog dieper in op het belonen van jezelf en daarmee het versterken van je gedrag. Belangrijk is dat je het voor jezelf in moeilijke situaties extra aantrekkelijk maakt om tóch door te zetten.

Pareer de krachtige kortetermijnfrustratie van een crisissituatie met een kortetermijnbeloning die minimaal twee tot drie keer zo groot is. De beloning om door te zetten moet zo aantrekkelijk zijn, dat je wel gek zou zijn om hem te laten lopen.

Waar moet je dan aan denken? Een paar suggesties:

- Geef jezelf punten voor alle dagen dat je je nieuwe gedrag volhoudt en bonuspunten voor het doorzetten in moeilijke situaties. Bij honderd punten is het feest: neem een dag vrij, ga naar Groningen of Maastricht en koop nieuwe kleren. Of doe iets anders wat je leuk vindt.
- Vier het doorzetten meteen na afloop uitbundig. Neem de rest van de dag vrij en beloon jezelf met een ontspannen middag en avond. Ga een nieuw boek kopen, ga lekker lang in bad, kijk een leuke film. Kortom, geniet ervan en vertel jezelf minstens tien keer hoe goed je het van jezelf vindt dat je hebt doorgezet.

Ook bij het belonen van doorzetten op crisismomenten, loont het om hulptroepen in te zetten. Maak afspraken met vrienden, collega's of met je partner.

- Als je weet dat het een moeilijke dag wordt, bijvoorbeeld als je op de zaak voet bij stuk moet houden en werk moet weigeren omdat je agenda vol zit, spreek dan af om 's avonds met een etentje te vieren dat je hebt doorgezet.
- Spreek af dat je geliefde voor een verrassing zorgt op de momenten dat je hebt doorgezet. Het verrassingselement maakt de beloning in jouw ogen nóg groter.

Sommige mensen schrikken een beetje van al te uitbundige beloningen. Ook wel logisch. We komen uit een cultuur waarin je bij een tweede kopje koffie meestal niet eens een koekje krijgt.

Maar begrijp me goed, ik pleit niet voor ongebreideld hedonisme. Zo van: alle remmen los en doe maar wat. Ik probeer duidelijk te maken dat je het niet kunt opnemen tegen de frustrerende kracht van een crisissituatie, als je er niet iets veel sterkers tegenover stelt.

Techniek 3: countering om meer te durven

Countering is jezelf actief verweren, met je eigen gedrag, tegen de tegenwerkende prikkels van crisissituaties. Je voorkomt actief dat je terugvalt in de oude automatismen waar je juist vanaf wilt. Een aantal suggesties die je kunt gebruiken in verwachte én onverwachte probleemsituaties volgen hieronder.

Spreken: een van de meest gebruikelijke vormen van countering. Spreek jezelf toe in moeilijke situaties. Hardop of in je hoofd. Als ik tijdens het skiën op een helling kom die eigenlijk te steil voor me is, bedwing ik de angst en de stress door mezelf hardop naar beneden te praten.

Met crisissituaties in een persoonlijk verandertraject werkt het precies zo. Verzin vooraf een aantal dingen die je in probleemsituaties tegen jezelf kunt zeggen. Dingen als: 'Hier heb je je op voorbereid. Nu komt het erop aan. Als je doorzet ben je een kei. Je weet dat je het kunt, doe het dan ook!'

Op dezelfde manier kun je ook fatalistische gedachten bestrijden. Als je negatieve gedachten krijgt, zeg dan tegen jezelf: 'Stop. Nu!' en herinner jezelf vervolgens een topprestatie uit je eigen verleden. Een herinnering uit het centrum van je JA-gebied.

Denken: train jezelf in het denken in beelden. Ik heb mezelf getraind om iedere keer als ik langs een McDrive rijd, volautomatisch een beeld in mijn hoofd op te roepen van iemand die véél te dik is. Dat gaat heel simpel: haal het logo van de McDrive in je hoofd en wissel het enkele keren af met een beangstigend dik persoon. En dan bedoel ik écht afschrikwekkend dik. Als je dit een minuutje volhoudt, doemt dat beeld de eerstvolgende keer dat je het logo ziet volautomatisch op in je hoofd. Je hebt jezelf geconditioneerd.

Natuurlijk is dit verschrikkelijk kinderachtig. Maar het helpt me al een paar jaar

Train jezelf in het denken in beelden.

Natuurlijk is dit verschrikkelijk kinderachtig. Maar het helpt me al een paar jaar om niet bij iedere vestiging meteen af te slaan en een Big Mac-menu te bestellen.

Wat ook helpt is om crisissituaties met opzet vervormd te bekijken in je hoofd. Zoek actief naar de humor in een crisis. Ik heb me bij lastige vergaderingen weleens afgevraagd wat er zou gebeuren wanneer ik mijn 5-jarige dochter als zaakwaarnemer zou sturen. Waarschijnlijk zou ze met alles gooien wat niet vastzat aan de vloer of de muur en zou ze vervolgens stampvoetend weglopen, de anderen vertwijfeld achterlatend.

Als humor niet lukt, bekijk de situatie dan eens met opzet heel technisch, klinisch en afstandelijk. Denk bijvoorbeeld: Kijk, daar hebben we de langverwachte crisissituatie. Ik krijg weer eens de wind van voren. Maar ik laat me niet gek maken. Eens kijken, welke verdediging hadden we ook alweer geoefend? Op deze manieren voorkom je dat je vanzelf terugvalt in oud gedrag.

Bewegen: je lichaamshouding kan ook beïnvloeden hoe je je voelt. Als je meer breeduit en rechtop gaat zitten of staan en ook als je lacht, kan dat een positief effect op je zelfvertrouwen hebben. Iets om uit te proberen.

Als je je sneller beweegt dan je van nature doet, pep je jezelf op. Als je langzamer beweegt dan je van nature doet, maak je jezelf juist rustig. Door sneller te ademen maak je jezelf actiever, door rustiger te ademen juist passiever.

Sommige mensen zorgen dat ze de telefoon altijd opnemen met een brede glimlach. Ze zijn ervan overtuigd dat de ontvanger dat hoort aan hun stem en dat hun gesprekken daardoor beter verlopen.

Tijdens mijn seminars doe ik soms bewegingsoefeningen op muziek. Het is interessant wat voor effect dat op de stemming van de deelnemers heeft. Het beste wat ik je kan adviseren is om te experimenteren met je eigen lichaamshouding, beweging en ademhaling. Ervaar wat voor effect het op je denken en voelen heeft. Train het een paar keer als je weet dat je voor een crisissituatie staat.

Alle hiervoor genoemde vormen van countering hebben direct effect op je gevoel. De kunst is telkens weer om iets te doen waarmee je je verdedigt tegen het automatisch terugvallen in oude, ineffectieve gewoontes. Nog een paar suggesties...

- Een prikkel waarmee je je gevoel meteen diepgaand kunt beïnvloeden is muziek. Door voorafgaand aan een seminar of een lastig gesprek in de auto mijn favoriete muziek te draaien, stap ik met een goed gevoel uit. Zorg dat je in lastige periodes altijd wat muziek bij je hebt waarmee je jezelf kunt oppeppen of juist rustig kunt maken.
- Ook het denken aan je doelen en inspanningen tot nu toe helpt je om je emoties te sturen. Het helpt bijvoorbeeld om je bewust voor te stellen hoe je je zult voelen als je wél doorzet. En het helpt ook om je te realiseren hoeveel spijt je zult hebben als je de investering die je tot nu toe hebt gedaan, gewoon door je vingers laat glippen onder druk van de situatie of onder druk van een paar andere mensen.

Probeer het maar eens. Experimenteer en oefen jezelf in het besturen van je emotionele huishouding. Wanneer je er zelf geen controle over uitoefent, zullen anderen dat namelijk voor je doen.

Heb je eenmaal besloten welke vorm van countering je wilt gaan toepassen in een crisissituatie, schrijf je plan dan helder en eenvoudig op: als x gebeurt, dan doe ik y. Oefen het ook, zodat je zeker weet dat het gaat lukken.

Geen tijd voor verandering!

Een van de dingen die veel mensen belemmeren bij het inzetten en doorzetten van een verandering is: gebrek aan tijd. Een dag heeft maar 24 uur en er is zoveel te doen. Je zou kunnen zeggen dat timemanagement een bijzondere vorm van countering is. Door je tijd beter te plannen, creëer je ruimte voor de veranderingen die je belangrijk vindt.

De Amerikaanse schrijver Stephen Covey doet de aanbeveling dat we alle dingen die we doen eerst moeten categoriseren naar belang en urgentie. Het voordeel is dat je in de hoofdstukken hiervoor al hebt bepaald wat voor jou belangrijk is!

Pak je agenda of de kalender erbij en stel jezelf de vraag: welke dingen waren vooral belangrijk en welke dingen waren vooral urgent?

- Hoeveel tijd breng je door met zaken die niet belangrijk en niet urgent zijn, zoals tv-kijken?
- Hoeveel tijd gaat op aan zaken die niet belangrijk zijn, maar wel urgent, zoals veel interrupties door e-mail of door apps op je telefoon?
- Hoeveel tijd besteed je aan dingen die belangrijk zijn én urgent? Belangrijke dingen waar je eigenlijk te lang mee hebt gewacht?
- En hoeveel tijd besteed je aan zaken die belangrijk zijn en niet-urgent? De dingen waar je op de lange termijn het meest aan hebt?

Door je eigen tijdbesteding kritisch te analyseren, ontdek je mogelijkheden voor verbetering. Als je vervolgens je agenda voor de komende periode invult, plan dan eerst tijd in voor belangrijke zaken die nog niet urgent zijn. Zoals de verandering waar je aan werkt.

Mensen onderschatten hoe druk het over enkele weken is, nu de agenda nog leeg lijkt

Daarnaast is het verstandig om per dag een vast tijdblok vrij te houden voor urgente en belangrijke zaken. De belangrijke mails, berichten en telefoongesprekken. Een vast tijdblok voorkomt dat je de hele dag door bezig bent met het reageren op dit soort impulsen van buiten.

Bijna alle mensen onderschatten hoe druk ze het zullen hebben over enkele weken, nu hun agenda nog leeg lijkt. Daardoor zijn we vaak te overmoedig in onze toezeggingen aan onszelf en anderen. Wees dus eerlijk tegen jezelf.

Als er daarnaast nog belangrijke taken overblijven, plan deze dan volgens de D.E.R.K.-methode: Doe Eerst Rotklussen.

- Maak 's morgens een overzicht van je taken.
- Geef ze een cijfer van minst leuk (1) tot meest leuk (10).
- Begin vervolgens bij de rotklussen.
- Iedere volgende klus is op deze manier een beloning voor de vorige.
- De dag begint met overzicht en eindigt bij de leukste klus.

Een plan met drie stappen

Tijdens de eerste seminars die ik gaf rond zelfmanagement, vroeg ik mensen nog om een werkboek in te vullen met meer dan vijftien vragen over hun voorgenomen verandering. Voor veel deelnemers bleek dat frustrerend. Ze liepen vast omdat ze de antwoorden niet scherp konden formuleren of kwamen in tijdnood.

Tegenwoordig gebruik ik eenvoudige werkvellen met daarop slechts een paar hoofdvragen.

1 DROMEN

Wat is de richting die je wilt volgen?

Vertaal dit naar gedrag dat Meetbaar Actief en Persoonlijk [M.A.P.] is

2 DURVEN

Welke crisissituaties kunnen onderweg tot terugval leiden?

Wat kan je doen om dan tóch door te zetten?

3 DOEN

Hoe ga je je nieuwe gedrag straks dagelijks meten en belonen?

Schrijf geen dikke rapporten, maar houd het bij een eenvoudig driestappenplan: dromen, durven, doen.

Eigenlijk is dit alles. Maar je begrijpt natuurlijk wel dat het stellen van deze vragen heel wat makkelijker is dan ze beantwoorden. Het doorlopen van dit proces gaat vaak met vallen en opstaan.

Het is verstandig om jouw (voorlopige) antwoorden te noteren en er regelmatig naar te kijken. Door je plannen op papier te zetten, help je jezelf om er scherper en beter over na te denken.

> Geheugensteuntjes helpen om door te zetten op moeilijke momenten. Je moet jezelf krachtig herinneren aan je voornemens wanneer dit het meest nodig is.
> Beloningen helpen ook. Ga de kortetermijnfrustratie van een crisismoment te lijf met een beloning die minimaal twee tot drie keer zo groot is.
> Countering is de derde techniek die effectief is op crisismomenten. Actief spreken, bewegen, denken en voelen om je te verweren tegen terugval in oude automatismen.

'Er zijn continu moeilijke momenten sinds ik voor mezelf begonnen ben'

Claudia (41) heeft sinds kort haar eigen onderneming: Health-Gym. Als bewegingsdocent ontwikkelde ze gymprogramma's waarbij je zittend op een stoel (bijvoorbeeld in de file) of liggend in je bed (bijvoorbeeld in het ziekenhuis) je lichaam kunt trainen. Het plan om een eigen onderneming te starten was er eigenlijk al jaren. Ervaring en vooral de stimulans van anderen waren nodig om uiteindelijk echt te starten.

'Twintig jaar terug huurde ik al mijn eerste zaaltje waar ik sportlessen gaf. Maar toen moest ik nog een hoop leren. Ik had alleen mijn basiskennis, nog weinig ervaring in lesgeven en weinig levenservaring. Sindsdien heb ik altijd in loondienst gewerkt als docent lichamelijke opvoeding. Ik heb lesgegeven aan mensen van allerlei leeftijden en in allerlei soorten onderwijs.'

Acht jaar geleden kreeg Claudia bekkeninstabiliteit waardoor ze niet meer kon lopen. 'Niets hielp en ik ben zelf op zoek gegaan naar een oplossing omdat ik wilde genezen. Toen kwam ik in aanraking met de oefeningen waar nu mijn onderneming op gebaseerd is. Na vier weken kon ik alles weer.

Met dat principe ben ik vervolgens verder gaan werken. Ik heb een hoop bijgeleerd en weet nu ook precies waarom het werkt.

Vorig jaar ben ik me gaan verdiepen in sport- en stoelmassage en dat bleek de opstap voor een netwerk. Via via kwamen er mensen op mijn pad. Er was ook iemand bij die vanuit het niets een eigen bedrijf opgebouwd heeft. Hij heeft me erg gesteund bij heel praktische zaken en dat heeft me geholpen om door te zetten.'

'Ook al doe ik het soms bijna in mijn broek, ik ga door'

Stimulerende mensen zijn heel belangrijk voor Claudia. 'Als iemand in het verleden zei: "Joh, dat hoeft niet," dan schoof ik mijn eigen ideeën en dromen vaak snel aan de kant. Ik heb echt mensen nodig die in me geloven.

Ondernemen draait voor mij ook om samenwerken. Het begint met een idee en vervolgens zoek je de vakmensen erbij die je met hun kennis kunnen helpen bij het realiseren ervan. Mensen die luisteren, maar ook kritische vragen stellen. Dat zet mij weer aan het denken en zorgt ervoor dat ik nieuwe oplossingen ga zoeken.

En zo komen er steeds nieuwe dingen op je pad. Ik ben heel zuinig op de mensen om me heen. Ik bedank ze met een kaartje of een mailtje. Breng ze even op de hoogte van waar ik mee bezig ben. Ik schat datgene wat ze doen op waarde en ik geef altijd aandacht terug.'

In de praktijk is het niet eenvoudig om vol te houden. 'Er zijn continu moeilijke momenten sinds ik gestart ben. Geld is een probleem. En verder is er veel tegenwerking van mensen in mijn omgeving. Mensen die niet snappen dat ik voor mezelf wil beginnen en op termijn mijn baan wil opzeggen. Veel mensen in mijn omgeving kijken er zo tegenaan.

In huis hangen spreuken voor moeilijke momenten. Daar kijk ik regelmatig naar en dat helpt.'

'Ik merk dat je, om te ondernemen, je kop boven het maaiveld moet uitsteken. Je loopt risico, stopt er geld in en je moet een rotsvast vertrouwen hebben in wat je zelf wilt en kunt. Dat is heel erg moeilijk en dat houd je ook niet altijd vol.

Doordat ik al veel aan mezelf heb gewerkt, ben ik al wel beter in balans en daadkrachtiger geworden. En gelukkig zijn er elke keer als ik een shitervaring heb ook weer leuke dingen. Mensen die in me geloven. En dan denk ik: ja, ik moet toch doorgaan.

Het blijft dus vallen en opstaan. Maar ik heb wel het idee dat ik er kom. En ook al doe ik het soms bijna in mijn broek, ik ga door.'

> Veel mensen koesteren jarenlang bepaalde dromen en ambities. Er komt echter pas schot in de zaak als je begint met een leerproces. Gewoon door te doen.
> Zoek mensen om je heen die je op ideeën brengen en je motiveren. Iedereen heeft inspiratie en aanmoediging nodig bij belangrijke veranderingen.
> Realiseer je dat grote veranderingen nooit in één keer tot stand komen. Het is een proces van vallen en opstaan dat soms jaren kan duren.

9

Doen: het begint met vallen en opstaan

- **Hoe kinderen en volwassenen leren**
- **Meten: eenvoudige tips om je gedrag bij te houden**
- **Waarom moet je gedrag belonen in plaats van resultaten?**

In gedachten ga ik een paar jaar terug in de tijd. Mijn dochter Emma moet nog leren fietsen. Ze heeft het lang volgehouden om met hulpwieltjes te rijden, maar binnenkort moet het ervan komen. Ze wil het zelf ook: zelfstandig, echt fietsen.

Nu weet ik inmiddels hoe je kinderen leert fietsen. Het is bij de vorige twee ook gelukt. Maar stel je nu eens voor dat ik het deze keer anders zou willen doen.

Ik zou de aanpak op Emma kunnen loslaten die doorgaans wordt gehanteerd bij onderwijs aan jongeren en volwassenen. Ik zou dan een projector en een scherm in de huiskamer opstellen, Emma op een stoel neerzetten en vervolgens een presentatie van een halfuur verzorgen over bijvoorbeeld... de geschiedenis van de fiets.

Ik zou beginnen bij de uitvinding van het wiel. Uitleggen dat er eerst alleen loopfietsen waren, waarbij mensen zich afzetten op de grond. En waarschijnlijk zou ik eindigen met enkele verhalen over beroemde wielrenners en de Tour de France.

Na een korte pauze zou ik verdergaan met een halfuurtje over de werking van het evenwichtsorgaan. Ook verplichte theorie voor kinderen van vijf die willen leren fietsen.

Na dit alles zou ik de hulpwieltjes van haar fiets verwijderen, haar op het zadel zetten en haar veel succes wensen: 'Je weet nu hoe het werkt, doe je best!'

Iedereen weet dat het zo niet werkt. Wie zijn kinderen wil leren fietsen, moet ernaast rennen en ze aanmoedigen. En 'evenwicht' is niet een theorie die je gedoceerd moet krijgen, maar iets wat je moet ervaren tijdens het fietsen. Je moet het voelen in je stuur.

Kinderen leren door directe feedback. Ze voelen of het goed of slecht gaat. Ze hangen iets te veel naar één kant en merken dat ze bijna vallen. Vervolgens corrigeren ze pijlsnel met hun stuur. Dát is hoe het werkt.

Feedback: gedrag meten en belonen

De grootste misvatting rond leren is dat het leerproces er anders uitziet als we geen kind meer zijn. Dat we dan ook 'volwassener' zouden leren. Zowel op basis van onderzoek als uit eigen persoonlijke ervaring weet ik dat die gedachte ronduit onzinnig is.

De directe ervaring bepaalt of we gedrag doorzetten of niet. Directe pijn leidt ertoe dat we ons nieuwe gedrag meteen of na enkele pogingen staken. Direct plezier zorgt ervoor dat we doorzetten. Het klinkt eenvoudig en eigenlijk is het dat ook.

Ook volwassenen hebben directe feedback op hun gedrag nodig.

Als je bijvoorbeeld wilt afvallen om je goed in je lijf te voelen, dan weet je dat het resultaat waarvoor je het uiteindelijk doet, vaak maanden op zich laat wachten. Dat maakt het zo moeilijk om vol te houden.

Je zult daarom het gedrag dat nodig is om uiteindelijk je doelen te bereiken 'kunstmatig' moeten stimuleren totdat de eerste 'natuurlijke' resultaten werkelijk zichtbaar zijn. Je zult dingen of activiteiten moeten kiezen die een motivator, een beloning vormen voor het doelgerichte gedrag.

Sommige mensen begrijpen niet waarom je gedrag moet belonen en niet de resultaten. Maar eigenlijk is dat heel logisch. Bijna alle veranderingen die de moeite waard zijn, kennen hetzelfde verloop. De resultaten volgen pas op termijn, terwijl we vanaf de eerste dag moeten investeren door middel van ons gedrag.

Soms kunnen we alleen maar invloed uitoefenen op ons eigen gedrag en niet of nauwelijks op de resultaten. We doen wat juist is, maar verwachten er niet meteen al te veel van.

Feedback bestaat uit twee elementen: meten en waarderen. Je zult je gedrag moeten bijhouden, meten en vervolgens moeten bepalen of je je voornemen goed hebt uitgevoerd of niet. Alleen als je je gedragsvoornemen hebt uitgevoerd, beloon je jezelf. Het is belangrijk dat je daarin een beetje streng voor jezelf bent en heel consequent!

Resultaten volgen pas later, terwijl we meteen investeren door middel van ons gedrag

Meten en belonen moeten als het even kan tijdens of meteen na het gedrag worden uitgevoerd. Meteen na het sporten heb je recht op een avondje ontspannen met een lekker boek, een goede film of een leuke serie.

Soms is het wat lastiger om voor feedback op het moment zelf te zorgen. Neem er dan een vast moment voor. Kijk bijvoorbeeld iedere avond of iedere ochtend even terug op de afgelopen dag. Loop in gedachten je gedrag nog eens door. Noteer je 'score' op een lijstje en beloon jezelf.

Je eigen gedrag meten

Het klinkt misschien wonderlijk. Zeker als je er nu nog tegen opziet om allerlei dingen over jezelf te gaan bijhouden. Maar voor veel mensen blijkt alleen al het bijhouden en meten van het eigen gedrag een belangrijke stimulans te zijn!

Sterker nog: onderzoek laat zien dat zowel op het werk als thuis, het monitoren van je eigen gedrag een van de meest krachtige vormen van zelfmanagement is. Bovendien zie je hierdoor ook al snel of je progressie boekt. En het ervaren van vooruitgang, merken dat je beweegt in de richting van je doel, is bijzonder motiverend wanneer je werkt aan verandering.

Om meten effectief én leuk te maken, volgen hier drie tips. Meet minimaal dagelijks, op een vaste tijd en aan de hand van een eenvoudig lijstje.

- *Minimaal dagelijks meten:* zeker de eerste weken van een verandering is dit essentieel. Ieder meetmoment biedt je de

gelegenheid om bezig te zijn met je voornemen en jezelf te stimuleren. Je blikt terug, kijkt vooruit en beloont jezelf in gedachten of op een tastbare manier.
- *Vaste tijd:* kies een vaste tijd op de dag waarop je een paar minuten aan je verandering besteedt. Bijvoorbeeld meteen bij het ontbijt, tijdens de lunch of voor het naar bed gaan. Wie het meten te ingewikkeld maakt voor zichzelf, houdt het niet vol. Doe het op een natuurlijk, ontspannen moment.
- *Eenvoudig lijstje:* maak een lijstje waarop je eenvoudig kunt noteren of afvinken of het je gelukt is je voornemen in de praktijk te brengen. Maak het zo simpel mogelijk. Daardoor wordt het meten op zichzelf makkelijk en leuk. Zorg dat het lijstje altijd binnen handbereik is. Neem het mee in je portemonnee of in je tas. Of gebruik je telefoon. Er zijn talloze apps beschikbaar om je gewoontes bij te houden (Google even op 'gewoontes' en 'bijhouden' of op 'habits' en 'track' en je krijgt een actueel overzicht van de mogelijkheden).

Sommige mensen vinden meten kinderachtig. Ze vinden dat volwassen mensen dit soort dingen gewoon wel in hun hoofd kunnen doen. Dat is helaas een misvatting. Omdat ons gedrag slechts in kleine mate door wilskracht wordt gestuurd en in hoge mate door automatismen, vergeten we dit soort dingen doorgaans heel snel.

Je eigen gedrag belonen

Over het belonen van gedrag hebben we het al eerder gehad. Belangrijk is vooral dat de beloning in ons hoofd stevig wordt gekoppeld aan het gedrag.

Je brein linkt het goede gevoel van de beloning het best aan je

Houd je lijstjes voor gedragsmeting duidelijk en eenvoudig.

gedrag als de beloning tijdens of meteen na de handeling plaatsvindt. Als je pas later kunt belonen, zorg dan dat je in gedachten heel duidelijk de link maakt tussen je gedrag en de beloning. Draai de film van wat je deed nog even af in je hoofd en beloon jezelf dan.

Het is van groot belang dat we voor onszelf de juiste beloning of motivator vinden. En nogmaals: vaak moeten we de oorspronkelijke motivatie (die gericht is op het einddoel) een beetje helpen met een flinke dosis tijdelijke, 'kunstmatige' motivatie (die het bijbehorende gedrag stimuleert).

Het helpt om tijdens en meteen na het gedrag bewust te denken aan je einddoel. Ook dat is eigenlijk een vorm van belonen. Maar het toevoegen van wat extra stimulansen, bijvoorbeeld in de vorm van materiële of sociale beloningen, is een krachtig hulpmiddel.

Een paar voorbeelden:

- Als je op de eerste dag van je gezondere levensstijl alle tussendoortjes hebt vervangen door bronwater, dan mag je 's avonds een leuke film kijken.
- Als je het de eerste dag hebt volgehouden om je collega's positief en geduldig te benaderen, is het tijd voor een ontspannen avond met een nieuw boek.
- Als je het eerste hoofdstuk van een studieboek hebt doorgewerkt, is het tijd voor een pauze en iets lekkers.

Het kiezen van motivators, van beloningen die écht werken, is soms een hele klus. Door de ervaringen die we hebben opgedaan en de overtuigingen die dat heeft opgeleverd, kijken we allemaal op onze eigen manier naar de wereld. Wat we precies als een straf of als een beloning ervaren, wordt ook daardoor bepaald. Zo kan het dat zaken die voor ons motiverend zijn, voor een ander totaal niet werken. Er zijn dus geen universele regels op het gebied van beloningen.

Daarnaast werken sommige beloningen onze doelen op de langere termijn tegen. Iemand die gezonder wil leven en stopt met roken, maar gek is op chocolade, zal bij een beloning allereerst aan een lekkere Zwitserse reep denken. Maar na een jaar dient zich dan het volgende probleem weer aan: overgewicht.

Een verandercoach

In het vorige hoofdstuk hadden we het er al even kort over. Je hebt vaak de hulp van anderen nodig bij belangrijke veranderingen. Dat kunnen gewoon mensen in je directe omgeving zijn: je partner of een goede vriend. Het is sowieso goed om ze te betrekken bij een belangrijke verandering.

Maar het kan soms ook nuttig zijn om een echte coach te zoeken, iemand die je speciaal uitkiest voor dit traject en misschien zelfs betaalt voor het werk dat hij of zij doet.

Coaching en andere vormen van sociale ondersteuning – ook al is het maar een telefoontje per week van een ander – blijken een belangrijke succesfactor te zijn in veranderingen.

Coaches kunnen een rol spelen bij de aanloop: de droom- en durffase waarin je soms de behoefte zult hebben aan een klankbord. Maar in de doen-fase kunnen ze een belangrijke rol spelen in het écht doorzetten. De aanmoediging van iemand anders bij een verandering wordt door vrijwel alle mensen als motiverend ervaren.

Een coach kan een belangrijke stok achter de deur zijn

En de wetenschap dat iemand af en toe zal vragen hoe het gaat, werkt voor veel mensen als een belangrijke stok achter de deur. Er wordt zorgvuldiger gemeten en beloond als er een coach meekijkt.

Het is wel belangrijk om van tevoren te bepalen wat voor soort coach je zoekt.

- *Zoek je vooral een luisteraar*: iemand die vragen stelt en jou aan het denken zet; die niet oordeelt, maar vooral als klankbord dient?
- *Zoek je vooral een lotgenoot of een partner*: iemand die ook iets wil veranderen en dus niet alleen luistert, maar ook van jou een luisterend oor vraagt?
- *Of zoek je vooral een mentor*: iemand die echt kennis heeft van de soort verandering die jij wilt en die jou optimaal kan begeleiden?

Heel belangrijk is daarnaast het vertrouwen dat je in de ander hebt. Bij een luisterende coach moet je zeker weten dat hij of zij echt in je geïnteresseerd is. Bij een lotgenoot moet je zeker weten dat hij of zij enigszins met jou te vergelijken is. En bij een mentor moet je overtuigd zijn van diens expertise en professionalisme.

Uitstel voorkomen

Bij de 'Durf'-hoofdstukken heb ik je al verteld dat de eerste keer iets nieuws doen voor veel mensen meteen ook het eerste crisismoment vormt. We kunnen er als een berg tegen opzien om een start te maken met een verandering. Zo erg zelfs dat we het maar liever uitstellen. Veel mensen zien niet echt bewust van belangrijke veranderingen af. Ze stellen het beginnen alleen zo lang uit dat het er nooit van komt.

Waarom stellen we dingen uit? Twee belangrijke factoren zijn emotie en tijd...

1. Emotie: de eerste stap roept negatieve emoties bij ons op. We voelen ons onzeker, we zijn bang om fouten te maken, we zien op tegen de reacties van anderen. Dat soort dingen. En daarom doen we liever eerst nog even een paar andere, vertrouwde dingen, dan beginnen met onze verandering.
2. Tijd: wat er in de toekomst gebeurt, raakt ons minder dan ervaringen in het hier en nu. Je weet best dat uitstellen vaak tot meer problemen leidt, maar die toekomstige pijn heeft minder invloed op je dan het onmiddellijke plezier van nu iets leuks doen. Wat dat betreft lijkt uitstellen op ander probleemgedrag, zoals roken of teveel eten. De onmiddellijke beloning maakt ons blind voor de straf die later volgt.

Wat kun je hieraan doen? Een paar tips.

- Denk terug aan 'de trap' uit hoofdstuk 6. Maak de eerste stap in je verandering kleiner, zodat hij minder angstaanjagend wordt.
- Maak de eerste stap aantrekkelijker. Bijvoorbeeld door nog een keer duidelijk aan jezelf te vertellen waarom je ook alweer aan je verandering bent begonnen. Maak van je eerste 'veranderdag' zo nodig een feestelijke dag. Gun jezelf bovendien de ruimte om je te concentreren op je verandering en probeer het er niet even 'bij' te doen. Dus: als je stopt met roken, maak er dan een heel ontspannen dag van. Ga leuke films kijken in bed. Ga je voor het eerst sporten? Verwen jezelf dan na afloop. Ga lekker lang in bad en ontspan je. En wanneer je een belangrijke stap zet in je relatie, ga dan lekker 's avonds uit en neem de volgende ochtend vrij.

En – belangrijk – realiseer je dat enige onzekerheid nu eenmaal bij het leven hoort. Ook beroemde, ervaren artiesten zijn nerveus op de avond van de première van een nieuw toneelstuk.

> Mensen leren vooral door directe feedback. Dit betekent dat we het gewenste gedrag meteen vanaf het begin moeten meten en belonen.
> Veel mensen hebben baat bij een verandercoach in deze fase. Ze willen feedback van een ander en een stok achter de deur.
> Uitstelgedrag kunnen we voorkomen door onze start goed voor te bereiden. Als het niet 'vanzelf' leuk is om te beginnen, máák het dan leuk.

'Er is geen medicijn voor en het valt niet te genezen'

Jane (43) is getrouwd met Eduard, moeder van drie zoons én chronisch ziek.
Negen jaar geleden begon het met het afsterven van een teen, en een winter later nog eentje. 'Nadat ik helemaal door de molen was gegaan, bleek ik *cryoglobulinemie* te hebben. Dat betekent dat beneden de 16 graden mijn bloed stolt. De ellende is dat er geen medicijn voor is en het niet te genezen valt. Het is alleen te remmen door warmte. Ook mijn maag en darmen zijn aangetast en ik heb een aantal herseninfarcts en tia's gehad.'
Jane kan in de winter niet naar buiten. Ze volgt een streng dieet en heeft altijd pijn.

In het begin had ze de impact nog niet door. 'Ik dacht: als ik 's zomers naar buiten kan, kan ik dus heel veel dingen nog doen.' Tot het winter werd en ze niet meer weg kon. Ze kreeg het gevoel dat ze aan de kant stond en niet meer meedraaide in de maatschappij.
'Ik was altijd heel actief: zat op naailes, deed veel in de kerk en op de school van de jongens. Maar dat soort dingen gebeurt allemaal in de wintermaanden.
Ik kon niet meer even weg als ik onrustig was en werd daardoor heel erg geconfronteerd met mezelf en mijn ziekte. Ik heb eerst een week in bed gelegen en wilde niemand zien, was mezelf helemaal kwijt.'

'Na die week dacht ik: ik kan twee dingen doen. Of ik blijf in mezelf hangen en word diep ongelukkig en mijn gezin ook. Of ik ga proberen of ik de rust weer kan vinden en van daaruit de draad op kan pakken.
Ik heb voor het laatste gekozen en ben eerst alles op gaan schrijven. Waar ik mee zat omdat mijn lichaam niet meer wilde. Met Eduard, de huisarts en

een goede vriend heb ik daarna heel veel gesproken, en ik ging beseffen dat de situatie zo is en ook zo blijft.'

'Ik móest altijd zoveel van mezelf'

'Ik heb geleidelijk met kleine dingetjes weer een ritme gevonden en ben mijn grenzen gaan vinden. Ik zoek alternatieven voor de dingen die ik niet meer kan. Zo lees ik nu bijvoorbeeld kinderboeken omdat ik woorden soms door elkaar gooi, ben ik meer dingen gaan doen die binnen kunnen zoals kaarten maken, borduren en nodig ik mensen thuis uit.
In het begin moest ik heel hard m'n best doen voor de dingen die ik veranderde, maar op een gegeven moment wordt dat weer natuurlijk.'

Moeilijk was ook het aanpassen van het verwachtingspatroon. Dat van anderen en van haarzelf. Jane was gewend om haar energie en goedkeuring te halen uit het bezig zijn voor anderen.
'Ik dacht dat je alleen maar erkenning kon krijgen voor datgene wat anderen zien dat je doet. Ik poetste me bijvoorbeeld wezenloos in huis en zei altijd dat ik het leuk vond. Maar ik vind er eigenlijk helemaal niets aan. Toen ik het in het begin niet meer kon, moest ik dat echt loslaten. Ik was bang dat mijn moeder zou zeggen dat het niet schoon was.
Op een gegeven moment heb ik dat gewoon hardop gezegd. M'n vriendinnen zeggen nu dat ik zoveel geef door er gewoon te zijn. Dat kon ik me eerst niet voorstellen. Ik moest echt weer in mezelf gaan geloven.'

'Ik kan nu veel meer genieten. Als er bezoek is, geniet ik daar intens van. Terwijl ik eerst vaak dacht: ja, je zit hier nou wel, maar ik moet straks nog wel de badkamer schoonmaken.
Sinds ik ziek ben, zijn de momenten van genieten eigenlijk onbetaalbaar. Van het gezin, muziek, vrienden. Als ik gewoon in de stroom door was blijven gaan, was ik lang niet zo gelukkig geweest. Dan was ik alleen maar

bezig geweest en veel weg. Ik móest altijd zoveel van mezelf.
Nu denk ik wel: wat missen anderen veel doordat ze maar bezig zijn om te presteren. Misschien is het wel makkelijker om los te laten als je gedwongen wordt.'

> Sommige zaken zijn moeilijk te accepteren en kunnen niet veranderd worden. Je kunt dan de moed opgeven of opnieuw gaan denken vanuit wat er tóch nog mogelijk is.

> Als we niet denken in termen van slagen of falen, maar in termen van leren, zullen ook vervelende gebeurtenissen ons sterker en wijzer maken.

> Laat je leven niet bepalen door wat je denkt dat anderen van je verwachten. Maar ga het gesprek met hen aan en durf zelf keuzes te maken.

10

Doen: het eindigt met doorzetten

- **Als alles leren is, bestaat mislukken niet meer**
- **Maar wat doen we bij terugval?**
- **Dromen, durven, doen als tweede natuur**

In het vorige hoofdstuk ging het over leren fietsen. Stel nou dat het mij de eerste keer niet was gelukt om mijn dochter te leren fietsen. We oefenden de hele middag, maar het ging gewoon niet. Hoe vaak zou ik het dan opnieuw proberen? Hoelang zou jij doorgaan als je een kind wilt leren fietsen?

Totdat het lukt, natuurlijk.

Bij alle dingen die we echt belangrijk vinden in ons leven, gaan we door totdat we het kunnen. Kleine kinderen vallen heel wat keren als ze leren lopen, maar ze blijven het proberen totdat het lukt.

Bij alle dingen die we de moeite waard vinden, gaan we door totdat we, linksom of rechtsom, ons doel bereikt hebben

En wat doen mensen die een ongeluk of een ziekte hebben gehad waardoor ze tijdelijk niet meer kunnen lopen? Ze gaan revalideren en leren het opnieuw. Desnoods met hulpmiddelen. En als lopen niet meer gaat, dan leren ze zich zelfstandig te verplaatsen in een rolstoel. Bij alle dingen die we de moeite waard vinden, gaan we door totdat we, linksom of rechtsom, ons doel bereikt hebben.

Iedere stap in het veranderproces is een test voor je motivatie. Alle stappen verschaffen je meer grip op je eigen gedrag, maar vergen intussen ook aandacht, tijd en energie. Alleen als je een verandering echt belangrijk vindt, stop je al die moeite erin. Het kan zijn dat je tijdens het lezen van deze laatste hoofdstukken tot de conclusie bent gekomen dat je al deze moeite er niet voor over hebt.

Dat is geen schande, maar een gezonde kosten-batenafweging. Zolang je er maar eerlijk en vrijwillig toe besluit.

Als je echter hebt besloten om door te zetten, als je je ambitie ook werkelijk wilt omzetten in actie en resultaat, doe jezelf dan een plezier en vergeet het denken in termen van slagen en falen. Mislukken bestaat niet als je van plan bent om door te gaan. Je kunt hooguit leren en het de volgende keer beter doen.

Je leven zien als een leerproces

Al eerder gaf ik aan dat het belangrijk is om te experimenteren. Probeer af en toe gewoon eens wat nieuws uit. Verzin een verrassing voor je partner; kies een korte cursus uit om te volgen; bekijk deze week eens met opzet een film die je anders niet zou kiezen; spreek andere mensen in de trein aan; bel vanavond iemand die je al lang niet hebt gesproken, iemand met wie je misschien nog iets moet goedmaken...

Kijk of je de grenzen van je JA-gebied verder kunt oprekken.

Doe af en toe eens gek en ga op de grens van je JA-gebied zitten. Kijk of je de grenzen wat verder kunt oprekken. Op die manier ontwikkel je jezelf. Dat maakt het leven leuk en geeft zelfvertrouwen. Bovendien wen je wat meer aan de tinteling in je maag die je bij dit soort activiteiten voelt.

Alles mag, zolang je het maar blijft zien als een experiment. Als een manier om iets te léren. Als je een veranderpoging ziet als een experiment, dan bestaat mislukken niet langer. Een experiment levert namelijk altijd wat op. Je leert hoe het niet moet, of je leert hoe het wel moet.

Overigens geldt dat experimenteren vaak ook een goede manier is om andere mensen mee te krijgen in een verandering. Dat is natuurlijk niet het hoofdonderwerp van dit boek, maar in veel gevallen hebben we wel met andere mensen te maken. Onze partner, onze collega's, vrienden, familieleden.

Als je hun vraagt om mee te werken in een verandering en je presenteert dat als iets wat grootschalig, onomkeerbaar en alomvattend is, dan is de kans niet zo groot dat je ze meteen enthousiast maakt. Maar denk je in termen van kleine experimenten, dan zul je veel minder weerstand ontmoeten. Logisch: er valt weinig te verliezen en veel te winnen.

Een persoonlijke verandering bekijken door de bril van 'slagen en falen' is misschien wel het meest ineffectieve dat je kunt doen. Het leven draait om leren. Als je dat eenmaal stevig tussen je oren hebt verankerd, wordt alles een stuk interessanter en leuker.

Blijven meten en belonen?

Als je begint aan een verandering is dagelijks meten en belonen erg belangrijk. Maar hoelang moeten we daarmee doorgaan? Moeten we altijd blijven meten en altijd blijven belonen?

Vaak gaan er weken of maanden overheen voor we resultaten zien

Eerst maar eens over belonen. Als je het juiste gedrag hebt gevonden, dan zal er – vaak na enige tijd – ook een 'natuurlijke' beloning voor je gedrag volgen. Je relatie verbetert, je zit lekkerder in je vel, je voelt je fitter, je ziet resultaten in je werk. Soms duurt dit slechts een paar dagen, maar vaak ook gaan er weken of maanden overheen voor we bij belangrijke veranderingen écht resultaten zien.

Mijn advies is: geniet heel bewust van deze 'natuurlijke' resultaten. Herhaal regelmatig tegen jezelf dat dit de beloning is voor de keuze om jezelf beter te gaan managen.

Intussen kun je stap voor stap de andere, 'kunstmatige' beloningen gaan afbouwen. Je kunt ervoor kiezen om niet iedere keer meer te belonen, maar slechts elke tweede of derde keer dat je je voorgenomen gedrag uitvoert. Ook kun je je beloning steeds verder uitstellen.

En hoe zit het dan met meten? In ieder geval zul je zolang je nog werkt met kunstmatige beloningen je gedrag moeten blijven meten. Anders kun je niet bepalen wanneer je er recht op hebt. Maar ook als je volledig bent overgestapt op het genieten van je natuurlijke beloningen, is het goed om te blijven meten. Daardoor creëer je momenten waarop je even bewust blijft stilstaan bij je eigen prestaties.

Op den duur kan de frequentie omlaag. Dan meet je niet meer dagelijks, maar wekelijks of maandelijks. Helemaal stoppen met meten is echter niet verstandig. Je oude gedrag waarbij je je ooit heel goed voelde, zit namelijk nog wel in de jukebox in je hoofd en kan altijd weer de kop opsteken. Soms gaat dat sluipend; zorg er dus voor dat je de vinger aan de pols houdt.

Omgaan met terugval

Ondanks onze voorzorgsmaatregelen kunnen we allemaal met terugval te maken krijgen. Je wordt na een vermoeiende dag toch weer heel kwaad op je partner. Je zakt na een teleurstellend avondje uit toch weer terug in zelfbeklag. En als je vrienden op het laatste moment afzeggen voor een etentje plunder je toch weer de koelkast.

Oude automatische gevoelens, gedachten en handelingen blijven altijd in de jukebox zitten. En als op een onverwacht moment de verkeerde knoppen worden ingedrukt, dan kunnen we soms na jaren nog terugvallen.

Deze dingen gebeuren. Jammer dan. Belangrijker is de vraag hoe je ermee omgaat. 'Erger je niet, maar verwonder je,' zegt mijn zus altijd. Kwaadheid en verdriet helpen niet, nieuwsgierigheid wel. Wat leer je hiervan? Waar vraagt dit soort situaties om?

Als je terugval kunt zien als een leerervaring, is er niets aan de hand. Het is misschien vervelend en je maakt het jezelf moeilijker om door te zetten. Klopt. Maar je hebt óók weer iets geleerd. Je hebt een extra crisissituatie leren kennen die jou de volgende keer niet meer zal overvallen.

Misschien helpt de volgende vergelijking. Als je thuis de trap op loopt en je struikelt over een tree die loszit, dan blijf je toch ook niet de rest van je leven op de benedenverdieping wonen? Je kijkt de volgende keer gewoon extra goed uit bij die ene tree.

Ga jezelf niet extreem beklagen of bestraffen na een terugval in oude, slechte gewoontes. En praat je gedrag ook niet goed. In beide gevallen maak je de stap naar een volgende terugval, en nog één en nog één, alleen maar makkelijker. Het zal dan niet lang duren voordat je moet concluderen dat al je moeite voor niets is geweest.

Doorzetten en vernieuwen

Sommige veranderingen kennen geen eindpunt. Wie verslaafd is geweest aan roken, drinken, gokken of andere middelen, wéét dat. Terugval ligt altijd op de loer. Ook na vele jaren nog.

Het doorbreken van ineffectieve automatismen en het leren van nieuwe effectieve gewoontes zijn nooit helemaal afgerond. Het is belangrijk om jezelf te blijven controleren en te herinneren aan het resultaat dat je met veel pijn en moeite bereikt hebt.

In sommige gevallen kom je nooit meer van het meten af. Je zult je hele leven regelmatig de stand van zaken moeten blijven opnemen, om te bepalen of je nog op de goede weg bent.

Een aantal jaren geleden geloofde ik echt nog dat ik alles op wilskracht kon, maar inmiddels werk ik – ouder en wijzer – al een paar jaar met een gedragslijstje. De ene maand ben ik er wat gedisciplineerder mee bezig dan de andere maand. Maar als ik merk dat bepaalde goede gewoontes in het slop dreigen te raken, dan haal ik het lijstje weer tevoorschijn.

Minstens twee keer per jaar vernieuw ik mijn lijstje. Ik vraag me af of mijn doelen voor de lange termijn nog kloppen (meestal wel). En ik bekijk of de voornemens op mijn lijstje nog nuttig en haalbaar zijn. Passen ze nog bij mijn doelen? En lukt het me ook echt om ze in de praktijk te brengen?

Als goede gewoontes in het slop raken, haal ik het lijstje weer vaker tevoorschijn

Zo heb ik al verscheidene keren mijn dagelijkse lichamelijke oefeningen aangepast. Vaak blijkt dan na een tijdje dat ik het te ingewikkeld heb gemaakt voor mezelf – in plaats van tien minuten per dag ben ik opeens twintig minuten kwijt – en moet ik mijn lijstje weer eenvoudiger maken.

Eigenlijk doorloop ik de drie stappen – dromen, durven, doen – een paar keer per jaar. Wat ooit begon als een krachtig hulpmiddel bij enkele veranderingen, is een effectieve manier geworden om mijzelf beter te managen.

Dromen, durven, doen als vaste gewoonte

Wie eenmaal iets in zijn leven heeft veranderd, krijgt vaak de smaak te pakken. Een geslaagde verandering geeft zelfvertrouwen en wekt de motivatie om door te gaan en nieuwe doelen te stellen.

Ook kun je de behoefte gaan voelen om andere mensen te helpen bij hun veranderpogingen. Om je eigen ervaringen en inzichten te delen met iemand die nog vóór een verandering staat.

De drie stappen die centraal staan in dit boek – dromen, durven en doen – kunnen je ook daarbij helpen. Ze spelen een essentiële rol bij iedere verandering.

Het is daarom de moeite waard om je deze drie stappen echt eigen te maken.

Dromen... Het is een goede gewoonte om regelmatig bewust op zoek te gaan in je JA-gebied naar mogelijkheden voor groei en verbetering. En door doelgerichte en concrete gedragsintenties te formuleren vergroot je de kans om voornemens in de praktijk te brengen enorm.

Durven... Het is een goede gewoonte om mogelijke crisissituaties vooraf in gedachten te doorlopen en strategieën te verzinnen om toch door te zetten. Dat verkleint de kans op terugval en stimuleert bovendien de durf om aan moeilijke dingen te beginnen.

Doen... Het is een goede gewoonte om nieuw, gewenst gedrag bij te houden en te belonen. Bij jezelf, maar ook bij anderen. Het werken met beloningen in plaats van dreiging of straf heeft bovendien een positieve invloed op je relaties met anderen.

Dit zijn universele principes op het gebied van verandering die direct aansluiten bij basale menselijke kenmerken. Je kunt ze toepassen op jezelf, maar ook in de opvoeding van kinderen, in onderwijssituaties, in communicatie met vrienden en collega's, in het geven van leiding in bedrijven... Eigenlijk bij alle doelgerichte vormen van veranderen die we kunnen bedenken.

Door te oefenen met deze principes, leer je hoe je effectiever kunt leren. En daar heb je je hele leven wat aan.

- Denk niet in termen van slagen of falen, maar in termen van leren. Als je je doelen écht belangrijk vindt, kun je niet mislukken, maar alleen leren onderweg.
- Vaak zullen we ons gedrag langere tijd moeten blijven meten om nieuwe gewoontes te vormen en terugval te voorkomen. Een jaar of langer is geen uitzondering.
- Geslaagde veranderingen werken stimulerend. Wie van de drie stappen dromen, durven en doen gewoontes maakt, krijgt meer grip op zijn leven.

Nawoord

De aanpak die ik in dit boek heb beschreven is geen religie of ideologie. Het is een praktisch hulpmiddel om constructief, toekomstgericht te leven vanuit je belangrijkste overtuigingen. Een hulpmiddel om je niet te laten meeslepen door iedere invloed van buitenaf, maar om je eigen leven te leiden.

De waarom-vraag, de vraag naar de zin van alle dingen en van ons leven in het bijzonder is niet de hoofdvraag in dit boek. Ook de wat-vraag staat niet centraal. Eigenlijk weten de meeste mensen wel wat ze moeten doen om gezonder, succesvoller en gelukkiger te worden. In *Dromen, durven, doen* concentreer ik me vooral op de hoe-vraag. Hoe krijg je jezelf zover dat je eindelijk gaat doen wat je eigenlijk al heel lang wilt?

Voor alle duidelijkheid: ik geloof niet dat het leven maakbaar is. De meeste dingen om ons heen vallen niet te managen. We hebben te maken met ziekte, ongeluk en dood in ons leven. Dat is niet fijn, maar het is de realiteit.

Ik kijk met meer bescheidenheid naar mijzelf en met meer begrip naar anderen

We kunnen hooguit een deel van ons gedrag besturen en de manier waarop we omgaan met het onvermijdelijke.

Dit laatste, omgaan met tegenslag, is een vaardigheid die essentieel is om een normaal leven te kunnen leiden. Wie verwacht dat het leven een en al voorspoed en geluk is of dat een dergelijk leven afgedwongen kan worden, zal zeker bedrogen uitkomen.

Ik hoop dat je op verschillende manieren je voordeel zult doen met de inhoud van dit boek. Allereerst zul je merken dat je meer grip krijgt op je eigen gedrag als je de adviezen in dit boek opvolgt. Daarnaast ga je meer begrijpen van je eigen gedrag en dat van anderen. Ook dat is positief.

Door in de afgelopen jaren steeds meer te leren over gedrag, ben ik met meer bescheidenheid naar mijzelf gaan kijken en met meer begrip en compassie naar anderen. En alleen dat al is pure winst.

Ben Tiggelaar

Bronnen

De inhoudelijke kern van dit boek is gebaseerd op eigen onderzoek en een boekenkast vol gedragsliteratuur. De voorbeelden en tips komen uit mijn eigen ervaring, gesprekken met lezers en van gewaardeerde collega's.

Een beknopt overzicht van de belangrijkste geraadpleegde literatuur:

Ajzen, I. (1991). 'The theory of planned behavior', in: *Organizational Behavior and Human Decision Processes* 50, p.179-211.

Bargh, J.A. & Chartrand, T.A. (1999). 'The unbearable automaticity of being', in: *American Psychologist* 54, American Psychological Association, p.462-479.

Gollwitzer, P.M. (1999). 'Implementation intentions: strong effects of simple plans', in: *American Psychologist* 54, American Psychological Association, p.493-503.

Gollwitzer, P.M. & Sheeran, P. (2006). 'Implementation intentions and goal achievement: A meta-analysis of effects and processes'. *Advances in Experimental Social Psychology*, 38, p.249-268.

Grant, L. & Evans, A. (1994). *Principles of Behavior Analysis.* New York: Harper Collins.

Hassin, R.R., Uleman, J.S. & Bargh, J.A. (2005). *The New Unconscious.* New York: Oxford University Press.

Kahneman, D. (2011). *Thinking, Fast and Slow.* London: Allen Lane.

Locke, E.A. & Latham, G.P. (2002). 'Building a practically useful theory of goal setting and task motivation', in: *American Psychologist* 57, American Psychological Association, p.705-717.

Marlatt, G.A. & Gordon, J.R. (1985). Relapse Prevention: A Self-control Strategy for the Maintenance of Behavior Change. New York: Guilford Press.

Michie, S., Atkins, L. & West, R. (2014). *The behaviour change wheel: a guide to designing interventions.* London: Silverback Publishing.

Nowack, K. (2017). 'Facilitating successful behaviour change: beyond goal setting to goal flourishing.' *Consulting Psychology Journal: Practice and Research*, 69, 153-171.

Ouellette, J.A. & Wood, W. (1998). 'Habit and intention in everyday life: the multiple processes by which past behavior predicts future behavior', in: *Psychological Bulletin* 124, p.54-74.

Peterson, C. & Seligman, M.E.P. (2004). *Character Strengths and Virtues: a Handbook and Classification*. Washington, D.C.: American Psychological Association.

Prochaska, J.O. & Norcross, J.C. (1999). *Systems of Psychotherapy. A Transtheoretical Analysis*. Pacific Grove: Brooks / Cole Publishing.

Sarafino, E.P. (1996). *Principles of Behavior Change*. New York: John Wiley.

Seligman, M.E.P. (2002). *Authentic Happiness*. New York: The Free Press.

Tiggelaar, B. (2010). *The Core of the Matter. Haalbaarheid en effectiviteit van gedragsgerichte dual systeminterventies bij verandering in organisaties*. Soest: Tyler Roland Press.

Tiggelaar, B. (2018). *De Ladder. Waarom veranderen zo moeilijk is én... welke 3 stappen wel werken*. Soest: Tyler Roland Press.

Vandewalle, D. (2001). 'Goal orientation: Why wanting to look successful doesn't always lead to success'. *Organizational Dynamics*, 30, p.162-171.

Webb, T.L., Joseph, J., Yardley, L. & Michie, S. (2010). 'Using the internet to promote health behavior change: A systematic review and meta-analysis of the impact of theoretical basis, use of behavior change techniques, and mode of delivery on efficacy', in: *Journal of Medical Internet Research*, 12(1), e4.

Wilson, T.D. (2002). *Strangers to Ourselves: Discovering the Adaptive Unconscious*. Cambridge: Harvard University Press.

Dromen, durven, doen-werkboek

Over gedrag en verandering

HOOFDSTUK 1-4

'Een pessimist ziet de moeilijkheden
in iedere mogelijkheid.
Een optimist ziet de mogelijkheden
in iedere moeilijkheid .'

– *Winston Churchill*

Hoofdstuk 1

- Intenties alléén zijn niet voldoende om veranderingen te realiseren. Slechts één op de vijf mensen houdt een goed voornemen langer dan twee jaar vol.
- Gedrag is de zwakke schakel tussen plannen en resultaten. Veranderingen lopen meestal vast doordat het niet lukt ons gedrag blijvend aan te passen.
- Vuistregel: 5% van ons gedrag komt bewust en gepland tot stand. 95% is echter onbewust en automatisch. Juist dit gewoontegedrag maakt veranderen zo moeilijk.

Aantekeningen

Opdracht

Lees pagina 23 nog eens. Beschrijf enkele persoonlijke ervaringen waarbij bewust, gepland gedrag (5%) en onbewust, automatisch gedrag (95%) elkaar tegenwerkten.

Hoofdstuk 2

- Automatisch gedrag werkt net als een ouderwetse jukebox of een muziekapp op je telefoon. Na één of enkele prikkels van buiten – een druk op de knop – volgt het gedrag automatisch.
- Gedrag dat meteén tot plezierige consequenties leidt, neemt automatisch toe. Gedrag dat meteén tot negatieve consequenties leidt, neemt automatisch af.
- Ook 'intelligent' gedrag is in veel gevallen geconditioneerd. Veel van onze verwachtingen en vooroordelen ontstaan op basis van één of enkele ervaringen.

Aantekeningen

Opdracht

Kijk nog eens naar pagina 31 en 32. Wat zijn enkele goede gewoontes en enkele minder goede gewoontes die je in de loop van je leven, zonder daarvoor bewust te kiezen, ontwikkeld hebt?

Hoofdstuk 3

- Mensen hebben geen hekel aan veranderen, maar wél aan verliezen. Een dreigend verlies komt gemiddeld twee tot tweeënhalf keer zo hard aan als een kans.
- Toch is dreigen of straffen niet effectief als je gedrag wilt veranderen. Dit leidt niet tot optimale prestaties, werkt alleen onder toezicht en is ondermijnend voor relaties.
- Belonen heeft geen negatieve neveneffecten. Vier keer vaker belonen dan straffen of dreigen is een veilige norm in het managen van jezelf en anderen.

Aantekeningen

Opdracht

Lees pagina 44 nog eens. Bedenk op wat voor manier de onbalans tussen pijn en plezier invloed heeft op jouw leven. Welke dingen laat je bijvoorbeeld uit angst voor verlies? Welke dingen doe je juist wel om verlies te vermijden?

Hoofdstuk 4

- Veranderingen verlopen in verschillende fasen. De eerste, dromen, draait erom dat we doelgerichte en concrete gedragsintenties formuleren.
- Doel van de tweede fase, durven, is om de moeilijkste verandermomenten gedegen voor te bereiden. Zo voorkomen we terugval in oude, ineffectieve gewoontes.
- De derde fase is doen. Bedoeling is om het gewenste gedrag te beginnen, te meten, te belonen en vol te houden.

Aantekeningen

Opdracht

Kijk nog een naar pagina 59. In welke fase van het veranderproces zit jij? Zit je in de fase vóór het overwegen van een verandering? Overweeg je al een bepaalde verandering? Ben je bezig een specifieke verandering voor te bereiden? Zit je al midden in de verandering die je wilt? Of probeer je juist een verandering die al geslaagd is vast te houden?

Dromen

HOOFDSTUK 5-6

'Een artiest is niets zonder zijn gave,
maar de gave is niets zonder inspanning.'

– Emile Zola

Hoofdstuk 5

- Veel mensen blijven te lang hangen in hun NEE-gebied. Ze zien wél problemen, valkuilen en bedreigingen, maar maken niet de stap naar mogelijke oplossingen.
- Het JA-gebied is de basis voor ontwikkeling en groei. Het draait erom dat we meer onszelf worden zoals we zijn op onze beste momenten.
- Veel mensen hebben last van belemmerende overtuigingen. Vraag je kritisch af of je overtuigingen over jezelf en je plannen écht kloppen en écht helpen.

Aantekeningen

Opdracht

Lees pagina 72 t/m 76 nog eens. Beschrijf een persoonlijke succeservaring met de volgende kenmerken: je deed iets wat je zelf erg belangrijk vond... en (of) je prestatie werd zeer gewaardeerd door anderen... en (of) je had volledige controle over de situatie.

Bedenk nu eens: hoe zou je leven eruitzien als zulke momenten geen uitzondering, maar regel waren?

Hoofdstuk 6

- Dromen zullen alleen uitkomen als je ze vertaalt naar concreet gedrag: meetbaar, actief en persoonlijk (M.A.P.).
- Belangrijk is dat je altijd start met gedrag waarvan je weet: dat kán ik. Je kunt veranderen zien als het oplopen van een trap. Begin met de tree die binnen je bereik ligt.
- Als je je doelen en het bijbehorende gedrag concreet formuleert, ga je meer kansen zien. Die kansen zijn er altijd, maar je ziet ze pas als ze betekenis voor je krijgen.

Aantekeningen

Opdracht

Lees de voorbeelden op pagina 94 t/m 96 nog eens door. Beschrijf het dagelijkse gedrag dat nodig is om je doel te realiseren nu: (1) meetbaar, (2) actief en (3) persoonlijk.

Durven

HOOFDSTUK 7-8

'De meest succesvolle mensen
zijn zij die goed zijn in Plan B.'

– James Yorke

Hoofdstuk 7

- Mensen vallen niet 'zomaar' terug in oud gedrag. Dat gebeurt op crisismomenten die ze vaak al lang van tevoren zien aankomen.
- Stress en uitputting zijn factoren die vaak zorgen voor terugval in oude, ineffectieve gewoontes. Vaak al meteen aan het begin van een verandering.
- Actief anticiperen op crisismomenten blijkt zeer effectief te zijn. De kans op doorzetten neemt hierdoor toe met een factor twee tot drie.

Aantekeningen

Opdracht

Lees pagina 111 en 112 nog eens. Wat zijn in jouw geval mogelijke crisissituaties? Wat zijn situaties waarin je makkelijk kunt terugvallen in oude, ineffectieve gewoontes?

Hoofdstuk 8

- Geheugensteuntjes helpen om door te zetten op moeilijke momenten. Je moet jezelf krachtig herinneren aan je voornemens wanneer dit het meest nodig is.
- Beloningen helpen ook. Ga de kortetermijnfrustratie van een crisismoment te lijf met een beloning die minimaal twee tot drie keer zo groot is.
- Countering is de derde techniek die effectief is op crisismomenten. Actief spreken, bewegen, denken en voelen om je te verweren tegen terugval in oude automatismen.

Aantekeningen

Opdracht

Kijk nog eens goed naar de voorbeelden van de drie 'doorzettechnieken' die in het boek worden gegeven op pagina 122. Welke technieken spreken jou het meeste aan? Welke ga je bij de eerstvolgende crisissituatie uitproberen? Hoe en wanneer ga je dit vooraf oefenen?

Doen

HOOFDSTUK 9-10

‘Een goed plan dat metéén wordt uitgevoerd,
is beter dan een perfect plan dat
volgende week wordt uitgevoerd.’

– *George S. Patton*

Hoofdstuk 9

- Mensen leren vooral door directe feedback. Dit betekent dat we het gewenste gedrag meteen vanaf het begin moeten meten en belonen.
- Veel mensen hebben baat bij een verandercoach in deze fase. Ze willen feedback van een ander en een stok achter de deur.
- Uitstelgedrag kunnen we voorkomen door onze start goed voor te bereiden. Als het niet 'vanzelf' leuk is om te beginnen, máák het dan leuk.

Aantekeningen

Opdracht

Lees pagina 142 tot en met 146 nog eens door. Bedenk hoe je je gewenste gedrag zult gaan meten en belonen.

Kijk op pagina 146 en 147. Wanneer ga je beginnen met je verandering? En hoe ga je voorkomen dat je de start van jouw verandering uitstelt?

Hoofdstuk 10

- Denk niet in termen van slagen of falen, maar in termen van leren. Als je je doelen écht belangrijk vindt, kun je niet mislukken, maar alleen leren onderweg.
- Vaak zullen we ons gedrag langere tijd moeten blijven meten om nieuwe gewoontes te vormen en terugval te voorkomen. Een jaar of langer is geen uitzondering.
- Geslaagde veranderingen werken stimulerend. Wie van de drie stappen dromen, durven en doen gewoontes maakt, krijgt meer grip op zijn leven.

Aantekeningen

Opdracht

Lees pagina 160 en 161 nog eens. Hoe ga je ervoor zorgen dat de verandering die je belangrijk vindt ook werkelijk blijvend zal zijn?

Dromen, durven, doen-test

Hoe goed ben je in veranderen? Hoe effectief stuur jij in de regel je eigen gedrag? Maak de test en ontdek wat al goed gaat en wat nog beter kan.

De test bestaat uit twaalf vragen. Omcirkel het antwoord dat het best bij jou past. Vul de antwoorden zo realistisch mogelijk in.

Dromen

1. Als ik een bepaalde wens heb, dan vraag ik me af hoe het zou voelen wanneer die wens echt zou uitkomen.

   nooit – soms – geregeld – vaak – altijd

2. Ik heb de neiging om bij veranderingen allereerst mijn aandacht te richten op de dingen die ik (nog) niet kan.

   nooit – soms – geregeld – vaak – altijd

3. Als ik iets wil, dan stel ik me het eindresultaat zo duidelijk en concreet mogelijk voor.

nooit – soms – geregeld – vaak – altijd

4. Als ik weet welk resultaat ik nastreef, dan bepaal ik heel duidelijk wat ik daarvoor moet doen.

nooit – soms – geregeld – vaak – altijd

Durven

5. Als ik eenmaal weet wat ik wil veranderen, dan denk ik van tevoren na over lastige situaties die mijn voornemen kunnen doorkruisen.

nooit – soms – geregeld – vaak – altijd

6. Als ik weet welke zaken mijn voornemen kunnen doorkruisen, dan verzin ik allerlei manieren waarop ik tóch kan doorzetten.

nooit – soms – geregeld – vaak – altijd

7. Als ik iets wil veranderen in mijn leven, dan maak ik daarvoor een stappenplan.

nooit – soms – geregeld – vaak – altijd

8. Als ik echt van plan ben om iets te veranderen, dan zoek ik iemand anders die me daarbij wil ondersteunen.

nooit – soms – geregeld – vaak – altijd

Doen

9. Als ik bezig ben met een verandering, dan herinner ik mezelf er regelmatig aan waarom ik dat ook alweer deed.

nooit – soms – geregeld – vaak – altijd

10. Als ik bezig ben met een verandering, dan houd ik nauwkeurig bij of het me ook lukt om me aan mijn gedragsvoornemens te houden.

nooit – soms – geregeld – vaak – altijd

11. Als ik me – tijdens een verandering – aan mijn gedragsvoornemens houd, beloon ik mezelf.

nooit – soms – geregeld – vaak – altijd

12. Ook nadat ik een belangrijke verandering heb afgerond, controleer ik bij tijd en wijle of ik nog op de juiste weg ben.

nooit – soms – geregeld – vaak – altijd

Puntentelling en verklaring

Hieronder kun je vinden hoeveel punten elk antwoord oplevert. Tel de punten per fase (dromen, durven, doen) bij elkaar op. Bij elke fase vind je een verklaring en enkele tips.

Dromen

Vraag 1: nooit (0) – soms (1) – geregeld (2) – vaak (3) – altijd (4)
Vraag 2: nooit (4) – soms (3) – geregeld (2) – vaak (1) – altijd (0)
Vraag 3: nooit (0) – soms (1) – geregeld (2) – vaak (3) – altijd (4)
Vraag 4: nooit (0) – soms (2) – geregeld (4) – vaak (6) – altijd (8)

Minder dan 12 punten op dit onderdeel

Iedereen heeft dromen over de toekomst. De ene manier van dromen is echter effectiever dan de andere. Als je een duidelijk beeld hebt van de richting die je uit wilt, is de kans groter dat je iets van je dromen realiseert.

Belangrijk is vooral om je dromen vervolgens ook te vertalen naar gedrag. Wat ga je dóen om je doelen te bereiken? Welke doelgerichte en haalbare nieuwe gewoontes horen bij de richting die jij belangrijk vindt?

In de hoofdstukken 5 en 6 wordt uitgelegd hoe je je richting bepaalt en de vertaalslag maakt naar dagelijks handelen.

Meer dan 12 punten op dit onderdeel

Je hebt waarschijnlijk een aardig beeld van wat je wilt. Dat is een goed begin. Houd er wel rekening mee dat het stellen van duidelijke doelen alleen vaak niet voldoende is. Het is belangrijk om ze ook te vertalen naar concreet gedrag. Wat ga je precies doen, dagelijks, om je dromen ook écht waar te maken? Welke nieuwe gewoontes zijn daarvoor nodig?

In de hoofdstukken 5 en 6 zul je een aantal dingen aantreffen die je al regelmatig doet. Daarnaast zul je ook kennismaken met een aantal inzichten en technieken die je helpen om je wensen nog wat effectiever te formuleren.

Durven

Vraag 5: nooit (0) – soms (1) – geregeld (2) – vaak (3) – altijd (4)
Vraag 6: nooit (0) – soms (2) – geregeld (4) – vaak (6) – altijd (8)
Vraag 7: nooit (0) – soms (1) – geregeld (2) – vaak (3) – altijd (4)
Vraag 8: nooit (0) – soms (1) – geregeld (2) – vaak (3) – altijd (4)

Minder dan 12 punten op dit onderdeel

Er is een kans dat veel van je veranderpogingen in het verleden gestrand zijn. Misschien al meteen aan het begin en anders tijdens een crisismoment onderweg. Veel mensen weten wel dat er tijdens persoonlijke veranderingen moeilijke momenten komen, maar ze treffen toch niet de juiste voorbereidingen. Dat zorgt er vrijwel altijd voor dat ze terugvallen in de oude gewoontes waar ze juist van afwillen.

In de hoofdstukken 7 en 8 vind je een aantal tips om beren op de weg vooraf te spotten én technieken om ze uit te schakelen en door te zetten.

Meer dan 12 punten op dit onderdeel

Je pakt veranderingen in je leven al vrij grondig aan. In ieder geval weet je dat het onderweg niet altijd makkelijk zal zijn en bereid je je daar ook op voor. Heel verstandig.

In de hoofdstukken 7 en 8 zul je dan ook een aantal bekende zaken tegenkomen. Daarnaast vind je met name in hoofdstuk 8 een aantal technieken die je zullen helpen om nóg beter door te zetten op de moeilijke momenten. De kans op succesvolle veranderingen neemt daardoor sterk toe.

Doen

Vraag 9: nooit (0) – soms (1) – geregeld (2) – vaak (3) – altijd (4)
Vraag 10: nooit (0) – soms (2) – geregeld (4) – vaak (6) – altijd (8)
Vraag 11: nooit (0) – soms (1) – geregeld (2) – vaak (3) – altijd (4)
Vraag 12: nooit (0) – soms (1) – geregeld (2) – vaak (3) – altijd (4)

Minder dan 12 punten op dit onderdeel

Jezelf voorbereiden op een verandering is heel wat werk. Maar uiteindelijk gaat het erom of je ook écht in actie komt en blijft. Gedrag is de zwakke schakel tussen plannen en resultaten.

Vaak is het nodig om jezelf regelmatig te herinneren aan het waarom van je verandering. Waar doe je het allemaal voor?

Minstens zo belangrijk is feedback: doe je ook daadwerkelijk wat nodig is? Dagelijks je gedrag meten en jezelf belonen zijn twee krachtige technieken om veranderingen in te zetten én vol te houden. In de hoofdstukken 9 en 10 lees je meer hierover.

Meer dan 12 punten op dit onderdeel

Je begrijpt al heel goed wat er voor nodig is om je eigen gedrag te sturen. Jezelf regelmatig herinneren aan het waarom van je acties; je eigen gedrag bijhouden en belonen; niet te snel denken dat je klaar bent met een verandering. Complimenten.

In de hoofdstukken 9 en 10 vind je nog wat meer inzichten en technieken die je zullen helpen om je dagelijkse handelen doelbewust te sturen. Als je in staat bent om de aanpak in deze hoofdstukken zélf ook tot een gewoonte te maken, zul je steeds effectiever leiding kunnen geven aan jezelf.

Over Ben Tiggelaar

Dr. Ben Tiggelaar (1969) is echtgenoot en vader. Daarnaast studeert hij al ruim 30 jaar op de onderwerpen leiderschap, verandering en menselijk gedrag.

Hij staat binnen en buiten Nederland te boek als een van de absolute topsprekers en trainers binnen zijn vakgebied.

Ben schreef verschillende boeken over leiderschap en verandering. *Dromen, durven, doen* is daarvan het meest gelezen. Alleen in Nederland zijn er al ruim 450.000 exemplaren verkocht. Het boek is ook wereldwijd vertaald.

Daarnaast schrijft hij een wekelijkse column voor NRC *Handelsblad* over werk en leven.

Kijk voor actuele informatie, het gratis werkboek en andere extra's op www.tiggelaar.nl.

Anderen over Ben Tiggelaar als trainer en spreker

'Ben Tiggelaar is een van Nederlands meest begenadigde sprekers. Iemand die makkelijk en direct contact met mensen maakt.'
Management Team

'Een heel inspirerende ochtend! De evaluatie bewijst dat het publiek het grandioos gevonden heeft.'
Angelique Blekkink, Philips

'Nog nooit is een gastspreker zo vaak als inspiratiebron geciteerd als Ben Tiggelaar!'
Ton Dirven, Aegon

'Ben koppelt visie en inzicht aan een uiterst nuchtere en aardse kijk op leiderschap en verandering.'
SalesManagement

'Kenmerkend is zijn sprankelende presentatie. Wat opvalt is dat hij feilloos aansluiting vindt bij zijn publiek, dat geboeid naar hem blijft luisteren. Met zijn kennis en ervaring maakt hij moeiteloos contact.'
Kees Nijenhuis, ProRail

'Ben Tiggelaar is een inspirerende wervelwind.'
Evenementenvakblad High Profile

'Een ultiem strakke presentatie. Veel energie, uitstekend Engels, goede timing verbaal en non-verbaal, slides zijn top, oefeningen tussendoor zijn goed getimed, hij heeft iedereen een heldere wake-upcall gegeven. Wat mij betreft echt een van de beste presentaties die ik de afgelopen jaren heb gezien.'
Gijs de Vries, Ernst & Young

‘De hoge verwachtingen zijn méér dan waargemaakt. Nog nooit zo geïnspireerd teruggekomen van een seminar. Ik zou willen dat mijn hele team erheen zou kunnen. Dit gun je iedereen.’
Lidia Moret, ABN AMRO

‘Naast grote deskundigheid beschikt Ben Tiggelaar over een aanstekelijke vorm van enthousiasme!’
Impke Bakker, Randstad

‘Een ongebruikelijke mengeling van Amerikaanse show, Nederlandse gewoonheid en wetenschappelijke inhoudelijkheid, maar dan zo verwoord dat iedereen de strekking snapt. Daarbij brengt hij veel van wat hij vertelt zelf in praktijk, iets wat hem extra geloofwaardig maakt.’
Intermediair

‘Briljant, respectvol, géén cabaretesk gedoe. Weet waar hij over praat en hoe het te brengen.’
Haty Groenewegen, Novartis

‘Bijzonder interessant en toepasbaar! Brengt de psychologie onder de mensen. Verplichte kost voor het management.’
Ton Bogerd, Ordina

Kijk voor meer informatie over Ben Tiggelaar als spreker en trainer op www.tiggelaar.nl.